ANGELA UND JULIANA VON GATTERBURG

Liebe – Drama – Wahnsinn

Buch

Warum finden manche Frauen wunderbare Männer, während andere von einem Beziehungsdrama ins nächste stolpern? Warum feiern manche Frauen vergnügt ihren 30. Hochzeitstag, während andere vereinsamen? Was machen die Glücklichen anders als die Unglücklichen?
Die Autorinnen haben Untersuchungen von Wissenschaftlern, Psychologen und Paartherapeuten ausgewertet sowie zahlreiche Single-Frauen und -Männer befragt, glückliche und unglückliche Paare. Ergebnis: Frauen hoffen auf die einzige, wahre und ewige Liebe, auf den Mann, der ihnen Erfüllung schenkt. Gleichzeitig halten sie sich für Expertinnen in Sachen Gefühl, sehen sich als überlegen und glauben, die Männer erziehen zu müssen. Der moderne Märchenprinz ist Rhett Butler, wie er Scarlett die Treppe raufschleift. Die er vorher eigenhändig geputzt hat. Frauen wollen zu viel und kriegen deshalb zu wenig. Die Liebe ist kein Crash-Kurs in Ekstase und ein Mann kein Pudel. Über die Liebe lässt sich zweierlei sagen: Erstens, es ist immer zu spät. Zweitens, es ist nie zu spät. Keine Eroberung erfordert so viel Mut wie die eines anderen Herzens. Die Autorinnen ermutigen alle, die die Suche nach der großen Liebe nicht aufgeben wollen, beherzt neue Wege zu gehen.

Autorinnen

Angela von Gatterburg, Jahrgang 1957, arbeitet seit 1987 beim Hamburger Nachrichtenmagazin DER SPIEGEL und beschäftigt sich beruflich wie privat seit Jahren mit dem Thema Liebe, Drama und Wahnsinn. Vor knapp zwei Jahrzehnten hat sie ihr Herz einem blonden Westfalen geschenkt, mit dem sie heute in München lebt.

Juliana von Gatterburg, Jahrgang 1961, arbeitet als freiberufliche Stylistin in Düsseldorf und ist Mutter von drei prächtigen Söhnen. Mit dem Kindsvater teilt sie in einem ungewöhnlichen Modell Haus und Erziehung, gleichzeitig lebt sie in neuer Partnerschaft mit einem wesentlich jüngeren Mann.

Angela und Juliana
von Gatterburg

Liebe – Drama – Wahnsinn

Wie Frauen endlich glücklich werden

GOLDMANN

Umwelthinweis:
Alle bedruckten Materialien dieses Taschenbuches
sind chlorfrei und umweltschonend.

Der Goldmann Verlag
ist ein Unternehmen der Verlagsgruppe Random House GmbH.

1. Auflage
Originalausgabe April 2005

Umschlaggestaltung: Design Team München
Illustration: Vitali Konstatinov/Agentur Koppe
Satz: DTP Service Apel, Hannover
Druck: GGP Media GmbH, Pößneck
Verlagsnummer: 15325
KF · Herstellung: Sebastian Strohmaier
Made in Germany
ISBN 3-442-15325-5
www.goldmann-verlag.de

Für unsere Mutter,
der wir unsere Liebesfähigkeit
verdanken

Inhalt

Vorwort

Die Idee für dieses Buch wurde unter dem Christbaum geboren. Unsere Freundin Luisa hatte die Feiertage bei ihrer Familie verbracht und klang erschöpft.

»Diese Esserei«, stöhnte sie. Unentwegt hatten ihre Eltern sie mit Keksen und Gänsebraten voll gestopft. Selbst Mia, Luisas Tochter, 14 Jahre alt, hielt sich den Bauch und stöhnte, sie habe eindeutig zu viel gegessen. »Eltern drücken ihre Liebe häufig übers Essen aus«, trösteten wir. Und an Weihnachten, dem Fest der Liebe, tun Eltern oft so, als hätten ihre Kinder und Enkel seit Wochen keine warme Mahlzeit bekommen. Wir erkundigten uns nach den Geschenken. Hatte Luisa irgendetwas Schönes oder Brauchbares erhalten?

Luisa lachte und erzählte, wie ihre Mutter am Heiligabend ein Buch auspackte, das sie von ihrem Mann geschenkt bekommen hatte.

Und wie ihr Vater ein Buch auspackte, das seine Frau ihm geschenkt hatte. Und wie sie, Luisa, das Buch auspackte, das ihre Tochter für sie ausgesucht hatte.

»Und stellt euch vor, wir hielten alle das gleiche Buch in den Händen«, sagte Luisa. Ein populäres Buch über Männer und Frauen und warum diese so sind, wie sie sind.

»Tja«, fuhr Luisa fort, »da saßen wir nun und sahen uns verwundert an. Wir wunderten uns, aber wir amüsierten uns auch übereinander.«

Das Buch erklärt männliches und weibliches Verhalten aus naturwissenschaftlicher Perspektive. Luisas Vater fand diesen Ansatz interessant und hoffte, das Buch würde seine Frau endlich von einigen unsinnigen Handlungen abbringen, die er, wie er fand, nun schon seit Jahrzehnten heldenhaft ertrug.

Beispielsweise hatte sie die Angewohnheit, überall im Haus Musik anzumachen, um dann im Keller zu verschwinden und Wäsche aufzuhängen. Wozu sollte das gut sein? Für wen, um Himmels willen, stellte sie die Musik an?

Luisas Mutter hatte das Buch ihrem Mann geschenkt, weil sie annahm, *er* werde darin eine Antwort darauf finden, warum Frauen anders dächten, anders handelten, aus hormonellen und neurologischen Gründen nämlich. Die Pädagogin glaubte zwar nicht so ganz an diese Grundthese – ihre täglichen Erfahrungen mit Schülern, Kollegen und Eltern ließen sie zweifeln –, doch hoffte sie, dass ihr Mann durch die Lektüre des Buchs begreifen würde, wie sehr sie ihn liebte. Etwa wenn sie ihn damit traktierte, sich warme Sachen anzuziehen, wenn es draußen kühl war. Das machte sie nur, weil sie sich sorgte, denn er erkältete sich so leicht.

Mia hatte ihrer Mutter das Buch geschenkt, nachdem sie vorher darin herumgelesen hatte, wie sie später erzählte. Sie kaufte es, obwohl sie der Meinung ist, dass ihre Mutter anders ist als die Frauen, um die es in dem

Buch geht. Mia findet beispielsweise, dass ihre Mutter ausgezeichnet Auto fährt und exzellent einparken kann.

Aber ihre Mama, so Mias Idee, könnte mit Hilfe des Buchs doch einen neuen Mann finden – »weil du dann verstehst, warum Männer so sind, wie sie sind.«

Mias Vater hatte sie und Luisa vor einiger Zeit verlassen, und Mia, ganz liebende Tochter, fand, es sei an der Zeit für einen neuen Mann und Ersatzvater.

Alle hatten sie edle Motive: Das Geschenk, das unter dem Christbaum lag, drückte Liebe für den Beschenkten aus und gleichzeitig den Wunsch nach mehr Verständnis füreinander. Der Mann-Frau Ratgeber, erzählte Luisa, wurde noch während der Feiertage gelesen.

Und? Waren es Tage voller Erkenntnisse und Einsichten?

»Wir waren am Ende alle enttäuscht«, sagte Luisa. »Denn beim Lesen entsteht der Eindruck, als wären Menschen Aufziehpuppen, die mechanisch und berechenbar handeln. Und als wären alle Männer und Frauen Opfer ihrer Gene und Östrogenen und Testosteron unterworfen. Nach Ansicht der Autoren sind alle Frauen einander ähnlich und alle Männer auch. Das ist doch Unsinn!«

Bei Luisa hatte das Buch, obwohl amüsant geschrieben, einen schalen Nachgeschmack hinterlassen, ihre Mutter hatte die Lektüre verwirrt abgebrochen, weil sie weder sich noch ihren Mann wiederfand in Kapiteln wie »Warum Männer Bierbäuche und Frauen dicke Hintern haben« oder »Warum Männer nicht wirklich reden können«.

Ihr Mann, sehr interessiert an Politik und Kultur, ist kein bisschen verschlossen, und er spricht auch über sich.

Luisas Vater war gründlich, er las das Buch von vorn bis hinten und notierte bei Behauptungen wie »Sport ist der Ersatz des modernen Mannes für das Jagen« am Rand »Quatsch!«. Er selbst hatte sich sein ganzes Leben lang nichts aus Sport gemacht, er hockte lieber abends am Kamin, las, spielte Schach oder debattierte mit Freunden bei einem Glas Wein. Er beschloss spontan, seine Frau ab sofort einmal die Woche zum Essen auszuführen, aus lauter Begeisterung darüber, dass sie in vielem dankenswerterweise ganz anders war, als sie auf Grund der im Buch beschriebenen genetischen und neurophysiologischen weiblichen Konstitution hätte sein müssen.

Das Buch hatte bei Luisas Vater durch seine scheinbar streng naturwissenschaftliche Ausrichtung Unmut geweckt und zu einem bewusst romantischen Blick auf sich und seine Frau geführt. »Wir sind nicht ganz lebendig, ohne zu lieben und geliebt zu werden«, erklärte Luisas Vater seiner Tochter und seiner Enkelin. »Wer weise werden will in der Liebe, kann sich nicht kundig machen, als ginge es um Fragen der Ernährung. Was ich im Laufe meines Lebens gelernt habe über die reife Liebe, ist Folgendes: Sie hat nichts mit Ekstase und Idealisierung zu tun und schon gar nicht mit kompromissloser Rücksichtslosigkeit. Liebe fordert Opfer, und wenn wir es zulassen, lehrt sie uns Demut. Ich glaube, das ist Glück.«

Luisas Vater fand die Beschreibungen in dem Buch nicht nur für seine Generation falsch, sondern auch für die seiner Tochter.

»Schau dir doch deinen Bekanntenkreis an, sieht es bei den Männern und Frauen da nicht ganz anders aus als in dem Buch beschrieben?«

Das Thema ließ uns nicht los. Ich, Angela, habe während meiner Zeit beim Hamburger Nachrichtenmagazin *Der Spiegel* oft über die Probleme zwischen Männern und Frauen geschrieben und viele Paartherapeuten interviewt im Lauf der Jahre. Juliana ist auf andere Art eine Fachfrau in Liebesfragen. Sie hatte nie Schwierigkeiten, Männer kennen zu lernen, und sie hat etliche kennen gelernt.

Sie hat außerdem unzählige Freundinnen und Freunde, die sich ihr immerzu anvertrauen mit ihren Liebesnöten.

»Die Frauen sind ratlos und unzufrieden mit den Männern«, erklärt sie. »Aber vielleicht sollten sie sich stattdessen fragen: ›Liebe, was ist das eigentlich? Was bedeutet sie für mich, und was bringe ich von meiner Seite ein? Und was erwarte ich von dem Mann an meiner Seite?‹ Oder, wenn da keiner an ihrer Seite ist, können Frauen sich fragen: ›Warum bin ich allein, warum sind so viele andere Frauen einsam, ohne Mann? Warum sind sie oft so unzufrieden und unglücklich, mit Mann?‹«

Ja, warum? Was macht die Liebe, jene wilde, verrückte, unvernünftige, herzzerreißende Erfahrung, von der die Bücher, Bilder und Lieder dieser Welt erzählen, so schwierig?

Wir wollten es wissen und befragten landauf, landab Männer und Frauen: ältere und junge, zufriedene Langzeit-Paare waren dabei und enttäuschte Singles.

Etliche der glücklichen Liebesgeschichten, die wir zu hören bekamen, erzählen wir in diesem Buch.

Andere Geschichten erzählen von amourösen Pleiten und Pannen, von Liebesverrat, von falschen Erwartungen und unstillbaren Glückssehnsüchten. Und immer geht es dabei um weibliches Selbstverständnis, weibliche Vorurteile, es geht um Zeitgeist und den Einfluss der Medien, um neue wissenschaftliche Studien und Erkenntnisse.

Denn wie Frauen (und Männer) ihre Beziehungen gestalten wird von alldem maßgeblich beeinflusst.

Uns interessieren hier vor allem die Frauen und ihre Eigenarten und ihre Widersprüche, ihre Wünsche. Natürlich spielen die Männer dabei eine wesentliche Rolle, ob es ums Kennenlernen geht, ums Flirten oder um Sex, ob es um Affären geht, um Kindererziehung, um Krisenmanagement.

Während unserer Recherchen meldeten sich zunehmend auch Männer zu Wort, und es war für uns außerordentlich erhellend, ihnen zuzuhören. Viele fühlten sich missverstanden von ihren Frauen und wollten die Gelegenheit nutzen, einiges klarzustellen. So entstand eine Art Collage, eine Art Bestandsaufnahme aus kleinen Mosaiksteinen, die sich zu einem großen Ganzen zusammenfügt.

Männer und Frauen sind wie zwei Füße, die einander brauchen, um vorwärts zu kommen, sagt die renommierte amerikanische Anthropologin Helen Fisher.

Ähnlich sehen es Psychologen, Soziologen, Paartherapeuten und andere Beziehungsforscher. Sie beschäftigen sich damit, beschädigte Beziehungen zu reparieren oder aber zu erforschen, was eine glückliche Beziehung ausmacht und wie man vermeidet, dass die Liebe abhanden kommt.

Was das Verhältnis von Männern und Frauen betrifft, ist eines sicher: Es gibt Erklärungen jenseits von Neurobiologie und Genforschung. So interessant die wissenschaftlichen Thesen oft sind, so verwegen ist ihre einseitige Interpretation. Warum Frauen ihrem Glück oft selbst im Weg stehen, während es anderen fortwährend zuzufallen scheint, lässt sich auf rein wissenschaftlicher Basis jedenfalls nicht erklären.

Wesentliche Antworten geben die Befragten selbst. Wir baten die Glücklichen, uns ihr Geheimnis zu verraten. Tatsächlich haben Männer uns Frauen einiges zu sagen, was hilfreich ist. Und sicher ist es sinnvoll, Frauen zuzuhören, die mit Männern seit langen Jahren glücklich sind.

Manche dieser Antworten mögen unangenehm sein und vielleicht wollen Frauen sie nicht hören. Aber gerade diese Frauen sollten sich selbst fragen: »Will ich unbedingt Recht haben oder lieber glücklich sein?«

Angela und Juliana von Gatterburg, November 2004

1. KAPITEL

Frauen lieben Männer, sie haben es nur vergessen

Die Liebe ist selten so, wie wir erwartet haben. Sie ist mal besser, oft schlechter, sie dauert länger, oft kürzer, sie wird überschätzt, von uns, von den anderen oder unterschätzt; mal ist sie aufregender, als wir erwartet haben, mal spröder und langweiliger, als wir gedacht haben; ihr Verlauf jedenfalls ist so wenig vorhersehbar wie das Börsengeschehen. Auch in der Liebe gibt es Abfindungen, Gewinnmitnahmen und Schrottanleihen.

Allen bedeutet sie äußerst viel, doch jedem etwas anderes. Verliebtheit, mit der alles anfängt, lässt uns jubilieren und die Welt in den schönsten Farben erleben, sie potenziert unsere lichten Seiten, macht uns großzügig und nachsichtig, empfänglich für die Schönheit des Daseins. Alles am anderen erscheint uns liebenswert, selbst seine herumliegenden schmutzigen Socken – doch dieser Zustand endet früher oder später, die Vertreibung aus dem Paradies ist unvermeidlich. Aus Verliebtheit wird dann Liebe – oder auch nicht.

Sicher ist: Manchmal braucht es Jahre, bis man das eigene Herz versteht.

Männer sind anders. Frauen auch.

»Es ist sicher keine große Fehleinschätzung, dass mehr Todesfälle auf gebrochene Herzen als auf atomare Strahlung zurückzuführen sind, ohne dass auf der Straße dagegen demonstriert würde«, hat der amerikanische Schriftsteller Saul Bellow mal bemerkt, und man möchte ihm glauben.

Schwieriger zu beantworten ist die Frage, warum das so ist. Frauen und Männer passen einfach nicht zusammen, befand einst Loriot, der geniale Humorist, Filmemacher und Zeichner mit feiner Ironie.

Inzwischen hat die Naturwissenschaft die Loriot'sche These aufgegriffen, und ihr ist es ernst damit: So ist es Mode geworden, Frauen und Männer zu schlichten Trägern ihres Erbguts zu erklären.

Natürlich gibt es biologische und physiologische Unterschiede, wer wollte das leugnen? Männer haben längere Unterarme und sind häufiger als Frauen Rechtshänder. Männer haben die größere Leber, deshalb vertragen sie auch mehr Alkohol. Sie verfügen über das größere Lungenvolumen. Ihr Blut kann mehr Sauerstoff aufnehmen. Das weibliche Herz ist im Schnitt um ein Fünftel kleiner als das männliche. Frauen haben weniger Kraft als Männer, dafür mehr Ausdauer. So weit, so gut. Und sonst?

Natürlich, die Unterschiede reichen weiter, greifen tiefer. Wissenschaftler testeten die Fähigkeit von Studenten, Gesichter und deren Gefühlsausdruck zu deuten.

Männer haben zwar die größeren Gehirne, doch Gefühle richtig zu deuten fällt Frauen in der Regel leichter. Sie machen das auch sehr viel schneller und müheloser als Männer, denn weibliche Gehirne sind besser »vernetzt«.

Männer sind anfälliger gegenüber Krankheiten und sterben früher und zwar überall auf der Erde. Nur ein Viertel aller 85-Jährigen weltweit sind Männer. Bei Männern spielt das Hormon Testosteron eine entscheidende Rolle, bei den Frauen sind es die Östrogene.

So weit die Tatsachen. Viele Interpretationen, was männliches und weibliches Verhalten angeht, klingen allerdings reichlich verwegen.

Der Mann, behauptet etwa der Evolutionsbiologe Robin Baker, sei sein ganzes Leben lang auf der Suche nach Fortpflanzungserfolg, er will seine Spermien verbreiten, immerzu und permanent. Der Mann kann nicht anders, es liegt in seiner Natur, dass er aggressiver, aktiver und sexbesessener sei als die Frau.

Unser Schicksal in den Genen

Es sind also die Gene, die unser Verhalten prägen. Alles liegt in den Genen, behaupten Anthropologen, Evolutionsbiologen und Gehirnforscher wiederholt und ausdauernd in all den Werken, die sie freudig publizieren.

Was macht einen Mann aus? Testosteron, in der Hauptsache. Angeblich. Und das hat Folgen.

Wenn der kleine Benjamin mit der Schaufel im Kindergarten der kleinen Viola auf den Kopf haut, bis sie schreit, ist das Testosteron daran schuld.

Das daraufhin einsetzende wilde Geplärre von Viola ist damit zu erklären, dass sie wenig oder gar kein Testosteron in sich trägt und deshalb nicht zum Gegenangriff übergeht und Benjamin vors Schienbein tritt. Benjamin wird also, seinen sanften Eltern zum Trotz, weiterhin andere Kinder hauen und beißen und lernen, sich auch im späteren Leben gut durchzuboxen. Dank seinem Testosteron.

Erst mal erwachsen macht das Testosteron, so heißt es, den Mann lüsterner, er ist kraft seiner Gene als feuriger Held und Eroberer immerzu auf Sexsuche.

An Gesprächen über Kunst und Kultur oder gar so profanen Dingen wie Beziehungen, Haushalt oder Kindererziehung hat er wenig Interesse – würde er seiner Natur folgen.

Im Ernst: Liest man die verschiedenen modernen Theorien über Männer, wundert man sich, dass sie nicht regelmäßig gemeinsam in die Wälder verschwinden, um dort wie eine Horde Wildschweine zu jagen, im Erdreich zu buddeln und zu grunzen.

Warum einige Männer aus der Art schlagen und keineswegs damit beschäftigt sind, ihren Samen immerzu an die Frau zu bringen, sondern lieber Autos bauen, dem Nobelpreis entgegenforschen oder wunderbare Romane schreiben, erklären uns die Anthropologen leider nicht.

Liegt es allein daran, dass die Zeiten sich geändert haben und der einzige Kampf, den Männer heute ausfechten, auf dem Fußballplatz stattfindet? Liegt es daran, dass Männer heute – durch den Fortschritt der Moderne – Pfeil und Bogen längst gegen die Fernbedienung eingetauscht haben?

Auch Frauen werden häufig biologisch beschrieben, auch sie werden einseitig festgelegt, kommen insgesamt gesehen aber besser weg. Kleine Mädchen decken ihre Puppen zu und singen sie in den Schlaf. Sie sagen ihrem kleinen Bär gute Nacht und versprechen ihm, dass sie ihn am nächsten Tag im Kinderwagen spazieren fahren. Wenn sie größer sind, haben Mädchen Freundinnen, mit denen sie alles besprechen. Und endlich erwachsen, haben sie sich zu wundervollen weiblichen Wesen entwickelt: sie sind monogam, wenig aggressiv, sie sind fürsorgliche, treu sorgende Nestbauerinnen, kurz – sie sind von Natur aus das friedliche, freundliche, sozial überlegene Geschlecht.

Irgendwelche Einwände? Eigentlich nicht, oder? Positive Zuschreibungen nehmen wir dankbar an. Die Fähigkeit des Menschen zum Selbstbetrug ist unermesslich. Frauen nehmen den Applaus für die ihnen zugeschriebene tugendhafte Gesinnung dankend entgegen, sie glauben gerne an all die erwähnten guten weiblichen Eigenschaften (und an die weniger guten männlichen). Bei einer internationalen Studie baten Forscher 8360 junge Menschen zwischen 18 und 25 Jahren aus 16 Nationen positive und negative Eigenschaften von Männern und Frauen zu benennen. Ihnen wurden sowohl neutrale wie auch sexistische Begriffe vorgegeben. Kulturübergreifend wurden die Frauen als die »besseren« Menschen beschrieben, als lieb, gütig, freundlich, aber auch schwach und machtlos. Männer bekamen die »schlechten« Eigenschaften zugewiesen und wurden als mächtiger und einflussreicher charakterisiert. Hinzu kam: In modernen Gesellschaften, wo die Gleichberechtigung schon ein gutes Stück vorangekommen ist, wiesen die jungen Frauen den Männern mehr schlechte Eigenschaften zu als ihre Altersgenossinnen in traditionellen Gesellschaften, wo der Mann als Versorger und Beschützer geschätzt wird. Diese Studie zeigt, dass die Vorurteile über die tugendhaften, aber schwachen Frauen und die moralisch zweifelhaften, aber potenten Männer nach wie vor sehr lebendig sind – überall auf der Welt.

Etliche Wissenschaftler bemühen sich nach Kräften, die Unvereinbarkeit der Geschlechter herauszupräparieren, so rigoros wie möglich. Gene, so lautet die derzeit beliebteste These, unser aller Schicksal liegt mehr oder weniger in den Genen.

Unterschiede zwischen Frauen und Männern existieren zweifellos. Doch die Ähnlichkeiten in ihrer Psyche und in ihren Emotionen sind größer als die Differenzen. Das bestätigen Psychologen, Soziologen und selbst Evolutionsbiologen. Sie bezweifeln, dass Gene und Hormone allein verantwortlich zu machen sind für hochkomplexe psychosoziale Verhaltensweisen. Die Dinge sind, wie so oft, komplizierter.

Oft hilft es ja auch, einen interessierten Blick in die Wirklichkeit zu tun, um Thesen zu überprüfen. Frauen sind angeblich unfähig, Straßenkarten zu lesen, dafür aber geradezu zwanghaft sozial, behütend, beschützend, umsorgend. Hmm. Seien wir ehrlich. Die meisten von uns haben sich selbst und andere Frauen schon anders erlebt.

Und Männer sind wie schlecht gelaunte Schimpansen, soziale und sexuelle Idioten, die man einer gründlichen Dressur unterziehen muss?

Zu dieser Regel gibt es gottlob auch die eine oder andere Ausnahme – Gott sei Dank, sonst hätten wir Frauen wirklich ein Problem.

Wir wissen, es gibt inzwischen reichlich Frauen, die energisch und durchaus aggressiv ihre Karriere vorantreiben, an Kinderaufzucht nicht im Mindesten interessiert sind und somit durch das biologisch begründete weibliche Verhaltensraster fallen.

Es gibt auch Frauen, die als kleine Kinder vielleicht friedfertig waren und nicht zurückgehauen haben, sich als Erwachsene aber durchaus gewalttätig betragen. Und manchmal haben sie sogar Spaß daran. Frauen sind keineswegs das friedfertige Geschlecht, für das man sie allenthalben erklärt. Es gibt, das lehrt uns die Geschichte, durchaus Frauen, die Männer an Grausamkeit in nichts nachstehen.

Blick auf die Steinzeit

Auch im Berufsleben agieren Frauen häufig alles andere als sanftmütig, manche laufen gerade dann zu Höchstform auf, wenn sie jemanden fertig machen können – ihre Methoden sind subtiler als die der Männer, dabei aber nicht weniger wirkungsvoll.

Fazit: Die Theorie, ein Großteil der menschlichen Eigenschaften sei in den Genen angelegt, ist beliebt, aber fragwürdig. Der Mensch ist ein komplexes, sozial und kulturell geprägtes Wesen, und sein Verhalten ändert sich durch äußere Einflüsse, Erkenntnisse und Erfahrungen im Laufe der Jahre. Der Mensch ist sogar lernfähig, wenn er will – in jedem Alter.

Biologische Unterschiede zwischen den Geschlechtern existieren, klar, aber der Blick auf die Steinzeit kann für das heutige Leben kein Maßstab sein. Denn erstens weiß niemand, wie unsere Vorfahren wirklich gelebt haben, und zweitens kann keiner behaupten, dass ihr Verhalten besonders vorbildlich war.

Trotzdem ist es so, dass wir Frauen in mancher Hinsicht männliches Verhalten nachahmen, auch wenn es nicht vorbildlich ist – Gene hin oder her. Wir wissen inzwischen, dass Frauen im Bereich Aggression aufgeholt haben, sie behaupten sich nassforsch im Straßenverkehr, und sie prügeln sich in Mädchengangs oder singen schmutzige Lieder und trinken reichlich Alkohol.

Mädchen sind also dabei »aufzuholen« und offenbaren dabei Eigenschaften, die kaum typisch weiblich zu nennen sind. Die beunruhigendste Nachricht für Männer: Frauen sind keineswegs so monogam veranlagt, wie immer behauptet wird. In einer Studie stellte die amerikanische Forscherin Susan Shapiro Barash im Jahr 2001 fest, dass sechzig Prozent der aus allen Schichten stammenden Gattinnen mindestens einmal ihren Ehemann betrügen. Und, schlimmer noch, in neunzig Prozent aller Fälle, ohne schlechtes Gewissen. Die Liebeshungrigen fanden, sie seien zum Seitensprung berechtigt, und der außerhäusige Sex sei besser als der mit dem Partner.

Die meisten der treulosen Damen hatten sich erotische Wäsche gekauft, um ihre Liebhaber damit zu erfreuen, dem Ehemann hingegen wurden die verführerischen Dessous vorenthalten, nach dem Motto: lohnt sich nicht.

Menschen sind nicht so einfach satt zu kriegen – Frauen sind besonders hungrig

Interessanterweise nehmen Frauen im umgekehrten Fall die Untreue ihres Partners ziemlich übel. Denn Frauen sehnen sich nach verlässlichem, dauerhaftem Liebesglück.

Und Männer? Männer tragen dieselbe Sehnsucht in sich. Laut Statistik träumen fast drei Viertel aller Deutschen von der Liebe fürs Leben, von einer dauerhaften, harmonischen Liebesbeziehung.

Das ist kaum überraschend. Denn jeder weiß, dass Geld, Ruhm und Sexabenteuer zwar reizvoll sind, aber niemals auf Dauer glücklich machen.

Früher war es leichter: Man glaubte an Gott, ging in die Kirche, heiratete, bekam Kinder und bemühte sich, sie irgendwie großzuziehen. Man saß inmitten seiner Großfamilie, oft entnervt und eingeengt, aber doch leidlich aufgehoben. Heute ist die Lage schwieriger.

An Gott zu glauben will nicht so recht gelingen, die Arbeit ist für viele Menschen auch kein Quell der Erfüllung und Zufriedenheit – man tippt Briefe für den Chef oder stapelt Waren ins Regal, konstruiert ein Hochhaus und fliegt drei Wochen im Jahr nach Mallorca. Das Lebensglück? Bleibt noch die Flucht in eine Beziehung, in der Verständnis, Vertrauen, freundliches Miteinander bestehen.

Denn die Welt kann ein kalter, unfreundlicher Ort sein, wo Missgunst und Niedertracht herrschen, und es ist schön, jemanden zu haben, der zu einem steht.

»Prinzipiell sind Menschen einsam, brauchen Liebe, und deswegen wollen sie etwas von anderen Menschen«, erklärt der amerikanische Schriftsteller Jonathan Franzen, der mit seinem wunderbaren Familienroman »Die Korrekturen« berühmt wurde. »Da gibt es diese enorme Maschinerie der Konsumbefriedigung, die versucht zu erreichen, dass sich die Leute nicht so einsam fühlen, aber natürlich befriedigt das alles nicht wirklich und macht einen auch nicht satt.«

Menschen sind nicht so einfach satt zu kriegen – Frauen, so scheint es, sind besonders hungrige Menschen.

Keine Eroberung erfordert so viel Mut wie die eines anderen Herzens

Frauen hungern nach Liebe, denn sie wissen: Die Liebe ist eine der schönsten Überraschungen, die das Leben für uns bereithält, besser als Sahnekuchen, Golfspielen und Yoga. Verliebtsein, das ist betörendes Risiko, beschleunigte Pulsfrequenz, unendliches Begehren.

Sicher, man kann sich auch anderen Dingen widmen, man kann an der Börse spekulieren, Berge besteigen und oben kleine Fahnen aufstellen, Schlangen zähmen oder einen Computer erfinden, der Finnisch spricht und den Müll runterbringt.

Das sind Herausforderungen und Errungenschaften, die uns und die Welt nach vorn bringen. Na ja, manchmal. Wenn wir ehrlich sind: Viele Dinge, denen wir uns mit Hingabe widmen, dienen nur der Aufblähung des eigenen Egos und bringen die Welt kein Stück weiter. Macht nichts, ein aufgeblähtes Ego muss manchmal auch sein.

Manche von uns glauben fest daran, dass die Grundmelodie des Lebens die Liebe ist und alles andere sich darum herum gruppiert. Andere glauben das ganz und gar nicht, sie pfeifen auf die Liebe und wünschen sich stattdessen haufenweise Geld, schöne Autos, ein wunderbares Haus mit Garten und eine schicke Wohnung in Paris – materiellen Wohlstand statt Liebe. Für viele Menschen ist dieses tröstlicher, verlässlicher und be-ständiger als die Liebe.

Frauen, die der ersten Gruppe zuzurechnen sind, sehen das Thema Liebe als Herausforderung und haben nichts dagegen, Energie und Zeit darauf zu verwenden. Leider lässt sich die Liebe nicht in Marktforschungsmanier erkunden. Ohne eigene Erfahrungen geht es nicht. Keine Einwände, Liebeserfahrungen nehmen wir gern, her damit! Wir vertrauen darauf, dass die Liebe oder die Fähigkeit zu lieben immer da ist und wartet, mit laufendem Motor. Wir müssen nur den Gang einlegen.

Wer jung ist, hat es tatsächlich leicht. Verlieben geht einher mit dieser herrlichen Naivität, alles ist neu und wunderbar originell.

Je älter wir werden, desto schwieriger wird es mit der Beflügelung des Herzens.

Da bremst die Angst vor Enttäuschungen, vor Demütigungen, vor Liebeskummer. Wir wollen uns immer noch verlieben, aber es gelingt nicht mehr so mühelos. Wie haben sich unsere Fantasien über die Liebe über die Jahre verändert? Was ist aus den Träumen geworden, für die wir einst lebten? Was ist aus uns selbst geworden? Sind wir denn überhaupt liebenswert? Das ist die bange Frage. Wir trauen der Liebe nicht, wir trauen uns selbst nicht. Mit den Jahren haben wir begriffen: Keine Eroberung erfordert so viel Mut wie die eines anderen Herzens.

Was dabei nicht gerade optimistischer stimmt, ist die Tatsache, dass selbst Beziehungen, die euphorisch und mit dem sicheren Gefühl »Uns gelingt die Ausnahme« beginnen, am Ende scheitern.

Jede dritte Ehe, so die deutsche Statistik, wird geschieden, meist schon nach wenigen Jahren, in den Großstädten ist es jede zweite. Soziologen und Seelenforscher erkunden den jeweils aktuellen Stand des Geschlechterkampfes und bezeichnen die Partnerschaft inzwischen als »das große Problem der privaten Existenz für die Menschen unserer Epoche«, so die Berliner Psychotherapeutin Eva Jaeggi.

Myhle und Wunsen

Es wäre einfacher, wenn die Ausgangslage anders wäre.

»Gäbe es nicht zwei, sondern drei oder vier Geschlechter, dazu die Möglichkeit sexueller Beziehungen (Fortpflanzung inklusive) zwischen allen dreien oder vieren – die Welt wäre schöner!«, schrieb der Journalist und inzwischen erfolgreiche Buchautor Axel Hacke einst im Streiflicht der *Süddeutschen Zeitung.* »Wir hätten nicht nur Männer und Frauen, sondern sagen wir, auch noch Myhle und Wunsen. Bekäme eine Frau die Männer satt, sie würde sich eben einem Myhl zuwenden. Könnte ein Mann keine Frau mehr sehen, er versuchte es mit einer Wunse. Leider unmöglich, wie wir alle wissen.«

Weil Myhle und Wunsen als Alternativen nicht in Sicht sind, müssen Frauen und Männer sich wohl auch in Zukunft miteinander arrangieren.

Ohhh. Ein bekümmertes Raunen geht durch die Reihen der Frauenwelt. Die deterministischen Thesen der Evolutionsbiologen haben sich offenbar bei vielen Frauen durchgesetzt. Den gemeinen Mann empfinden sie in all seiner emotionalen Unzugänglichkeit und Verschlossenheit als Zumutung. Und wenn er nicht emotional verschlossen ist, gibt es andere Mängel, die aufzuzählen sie nicht müde werden.

Barbara, 31, geschiedene Mutter eines Sohnes: »Ich erlebe Männer als emotional faul. Sie strengen sich nicht an, sie wissen nichts über ihre Gefühle, sie tappen unreif durchs Leben, und eigentlich finde ich sie, je älter ich werde, immer langweiliger.«

Barbara ist eine bildschöne Frau, die nicht über die Straße kommt, ohne dass sich viele nach ihr umdrehen. Doch ihr Blick auf die Welt ist nicht gerade positiv.

Keine Liebe, nirgends. Die meisten Beziehungen sind in ihren Augen Flickwerk, zusammengehalten von ängstlichen Pärchen, die sich ihr Zusammensein in resignierenden Beschwichtigungen schönreden.

Barbara lässt keinen Zweifel daran, dass die Männer in ihrem Leben Erziehungsbedürftige waren, denen sie sich immer wieder mit Hingabe und bis zur Erschöpfung gewidmet hat. »Inzwischen habe ich das durchschaut. Ich bin jetzt für meinen Sohn da, und ich will keine Beziehung mehr, es sei denn, da kommt noch mal einer, der was taugt. Insgesamt glaube ich, das Alleinleben bekommt mir besser.«

Barbara formuliert ganz nüchtern und abgeklärt. Einen glücklichen Eindruck allerdings hinterlässt sie nicht. Barbara wirkt resigniert. Und wenn sie über Männer spricht, leuchtet die Missbilligung in ihrem Gesicht wie ein Reklameschild.

Barbara ist nicht die Einzige, die sich enttäuscht über Männer äußert, andere Frauen tun das auch. Interessant ist die Entschiedenheit und Gewissheit, mit der sie über Männer urteilten. Das Beharren darüber, wie Männer so sind, kippte irgendwann ins bornierte Vorurteil und offenbarte eine erstaunliche Intoleranz. Da blieb kein Raum für andere Standpunkte, andere Sichtweisen, da war wenig Hoffnung auf Veränderung, und der Blick in die eigene Zukunft war strikt von der enttäuschenden Vergangenheit determiniert.

2. KAPITEL

Erziehungsarbeit am Mann – lohnt der Einsatz?

Natürlich gibt es gemeine, langweilige, faule Männer. Männer, die notorisch fremdgehen, Männer, die vor sich hin muffen und an emotionaler Verstopfung leiden. Aber es gibt auch Frauen, die kalt sind wie Fischschwänze. Frauen, die immer darüber jammern, was ihnen alles Schreckliches passiert ist und nicht sehen, dass sie in Wahrheit die Gestalterin ihres Schicksals sind. Frauen, die schöne Zeiten nicht würdigen können, die sich für Superfrauen halten und in ständiger Empörungsbereitschaft sind, wenn es um Fehler der Männer geht.

Unentwegt stellen diese Frauen ihre Ansprüche, laut, vernehmlich, nachdrücklich. Sie glauben, sie hätten ein einklagbares Recht darauf, dass ihre Wünsche erfüllt werden.

Denn sie haben schon genug andere Dinge um die Ohren: Kinder. Aufräumen. Einkaufen, Kochen. Die Kinder abholen, die Kinder bringen. Hausaufgaben betreuen, den Fernsehkonsum beaufsichtigen. Freunde der Kinder bewirten. Zwischendurch zur Bank gehen. Wochenendausflüge organisieren, den nächsten Urlaub planen. Sind es die Frauen, die Ehen organisieren, die Kinder betreuen, die Liebe managen, also das Leben im Griff haben? Nein, eigentlich nicht. Eher ist es so, dass das Leben sie im Griff hat.

Genau, seufzen die erschöpften Frauen. Deshalb soll er gefälligst auch was tun.

Er soll sich an der Hausarbeit beteiligen, und zwar regelmäßig und ohne Murren. Er soll anerkennen, dass sie den ganzen Tag schuftet. Er soll im Beruf seinen Mann stehen und anständig verdienen, denn einen Karriere-Verweigerer will sie auch nicht. Er soll Anteil nehmen an der Kindererziehung und kein Familienflüchtling sein. Gibt es keine Kinder, soll er begreifen, dass sie Blumen will und eine neue Handtasche. Dass sie begehrt werden will. Dass sie umarmt und gestreichelt und getröstet werden will. Dass sie Sex will, und zwar regelmäßig. Dass sie keinen Sex will, und zwar regelmäßig.

Lalilo, Wauwau und Muh

Das alles sind bescheidene Wünsche, im Großen und Ganzen. Es gibt vielleicht noch ein paar Sonderwünsche, aber im Wesentlichen ist es das, was Frauen wollen. Und sie haben nicht nachgelassen in ihrem Bemühen, dem Mann diese Wünsche unmissverständlich klar zu machen.

Die Erziehungsaktion war teilweise erfolgreich, die jahrelange Arbeit am Mann hat Früchte getragen. Nicht in jeder Hinsicht, aber immerhin. Jedenfalls sieht man jetzt auch Männer in öffentlichen Grünanlagen, in Parks, in der Sandkiste mit ihren Kindern.

Diese Männer haben anscheinend verstanden.

Im Klartext: »Er windelt im Zweifel routinierter als jede Mutter, singt Lalilo und hüpft dazu, sitzt stundenlang im Sand und spielt Wauwau und Muh. Er freut sich, wenn eines der ersten Worte seines Kindes ›Mapa‹ ist. Eigentlich fehlen ihm nur Gebärerlebnis und die Milchdrüsen.«

So beschreibt der Journalist Burkhard Strassmann den Typus des Neuen Vaters in der Wochenzeitung *Die Zeit*. Doch Strassmann ist nicht voll des Lobes, sondern stellt diesen Vätern ein miserables Zeugnis aus.

Diese »Refamilialisierung« des Mannes, wie Soziologen es nennen, behagt ihm überhaupt nicht. Dass an dieser tragischen Entwicklung die Frauen eine Mitschuld tragen, sagt Strassmann vorsichtshalber nicht.

Wahrscheinlich traut er sich einfach nicht. Es ist nicht politisch korrekt, zu behaupten, dass viele Frauen Männer überfordern mit widersprüchlichen Anforderungen, dass sie viele Männer domestiziert und verweiblicht haben.

Frau sein ist heute fast gleichbedeutend mit im Recht sein, ob es um die Mitarbeit im Haushalt geht, um die Erziehung der Kinder oder das Erinnern des Hochzeitstages.

»Das Magazin« des Schweizer *Tagesanzeiger* erklärte im Oktober 2004: »Der Mann von heute hat nichts mehr zu lachen.« Zum Prügelknaben sei er verkommen heißt es da und: »Heute muss man sich als Mann beinahe hassen, um eine gute Figur abzugeben. Und unter Frauen so unmännlich wie möglich auftreten, damit einem keine Frau Mackerverhalten unterstellen kann.« Peer Teuwsen, Verfasser der Titelgeschichte, erklärt, dass sich der Mann derzeit in der größten Krise seiner Geschichte befindet, nicht zuletzt durch einen überbordenden Feminismus. Teuwsens Fazit: Der Mann wurde zum Täter, die Frau zum Opfer. Der Mann steht dauernd auf dem Prüfstand, Männerfeindlichkeit, konstatiert Teuwsen, sei zum kulturellen Mainstream geworden.

Viele Männer laufen heute mit einem konstant schlechten Gewissen herum oder mit Selbstzweifeln. Der moderne Mann soll sich empfindsam zeigen, den Frauen zuhören, sie verstehen – eigentlich, so der Auftrag, soll er werden wie sie. Er soll seine weiblichen, sanften und weichen Anteile entdecken und doch ganz Mann bleiben. Und manchmal den Tiger machen. Das ist der Traum von einem Mann, der alles kann.

Die neue Weinerlichkeit

Und was machen die Frauen, wenn sie nicht gerade Ansprüche an die Männer stellen, sonst noch? In die Welt hinausgehen und ihre Karriere vorantreiben? Einige tun das mit großem Eifer, und sie sind erfolgreich. Trotzdem zielt ihr ganzes Sinnen und Trachten auf eine romantische Liebesbeziehung. Ohne sie bleibt das Lebensglück unvollständig. Dagegen ist ja auch kaum etwas einzuwenden.

Die junge Schriftstellerin Judith Hermann, die in ihren Erzählungen häufig das Scheitern von Beziehungen thematisiert, antwortete auf die Frage, warum Partnerschaft fast nie gelinge: »Ich weiß es nicht. Vielleicht, weil man oft an seinen eigenen Erwartungen scheitert. Und weil man den Moment nicht erträgt, in dem das Gefühl der Verliebtheit plötzlich wegbricht. Man sitzt einander gegenüber, und dieses Gefühl ist einfach nicht mehr da. Herzzerreißend und furchtbar. Oft kapituliert man in solchen Momenten, es überkommt einen das Gefühl, die große Liebe könne das dann doch nicht gewesen sein. Man empfindet die Unwägbarkeit des eigenen Gefühls als so furchtbar, dass man gar nicht erst versuchen will, sich über den Abgrund hinwegzubegeben.«

Entsprechend erschöpft kommen Hermanns Heldinnen häufig daher, zaghaft, zaudernd, manchmal gar depressiv. Sie wirken so, als tappten sie mit großen Augen durch die Gegend, auf der Suche nach einer Bedienungsanleitung für sich, für die Welt, für Männer, für diese komplizierte Sache namens Liebe.

Sicher, Powerfrauen und Superweiber, die unentwegt betonen, was sie alles schaffen und wie fabelhaft sie sind, gehen uns gehörig auf die Nerven. Diese neue Gruppe der ermatteten Frauen aber – und es ist kein Zufall, dass sich so viele Leserinnen mit Hermanns Protagonistinnen identifizieren können – sorgt für Irritation. Diese selbstmitleidigen Frauen verbreiten eine Art neue Weinerlichkeit, eine neue Melancholie, was ihr Liebesglück angeht. Und was ihr übriges Dasein betrifft werden zwar die vielen Wahl- und Gestaltungsmöglichkeiten erkannt, aber niemand der Damen ist offenbar so recht bereit, einige davon lustvoll zu nutzen. Es wäre aber schön, wenn diese Frauen ihr Hirn, ihre Herzen und ihren Blickwinkel öffnen würden, statt sich bedauern zu lassen oder in einem zauderndem, »Ich-weiß-nicht-so-recht« zu verharren.

Die Regisseurin und Schriftstellerin Doris Dörrie glaubt, »dass wir unsere Beziehungen strapazieren, weil wir uns in den letzten hundert Jahren angewöhnt haben, dieses wolkige, fragile Gebilde der Liebe zu überfordern, wir haben Erwartungen, die niemals erfüllt werden können, wir träumen immer vom perfekten Moment, inklusive Sonnenuntergang, eisgekühltem Champagner und Rosen auf dem Tisch.«

Bei den meisten Frauen ist es genau so, wie Doris Dörrie es beschreibt. Sie wollen eine Beziehung, eine romantische, eine großartige, eine, die sich abhebt vom trüben Alltagsallerlei. Sie wollen Champagner und Rosen. Sie tun einiges dafür, eine solche Beziehung zu finden oder »herzustellen«. Wenn es nicht klappt, lesen sie Ratgeber, gehen zur Farbberatung und lassen sich vielleicht sogar die Brüste vergrößern.

Der Mann, das mangelhafte Wesen

Männer mögen zwar Mängelwesen sein (das denken viele Frauen bewusst oder unbewusst), aber das sollte einer wunderbaren Liebesbeziehung nicht im Weg stehen. Entsprechender Einsatz wird am Ende belohnt, so die unverwüstliche Hoffnung. An diesem Ziel wird verbissen gearbeitet. Die Liebesbeziehung ist für Frauen der Fixpunkt ihres Daseins. Warum ist sie es nicht auch für den Mann? Sicher, es gibt da diese Sprachunterschiede, das haben Frauen inzwischen begriffen – die Verständigung, so lehren Psychologen und Gehirnforscher, sei deshalb so schwierig, weil Frauen eher gefühlsbetont argumentierten und Konflikte austragen wollten, während bei Männern ein eher auf Distanz angelegter Kommunikationsstil vorherrsche. Doch Frauen wollen sich nicht beirren lassen, Sprachunterschiede allein erklären nicht das ganze Elend. Also fragen sie weiter: Warum ist der Mann mürrisch, verschlossen, schweigsam? Was fühlt er? Wenn man ihn fragt, sagt er meistens: »nichts«. Wahrscheinlich sagt er die Wahrheit, aber es fällt Frauen schwer, das zu glauben. So bleibt der Mann das Objekt rastloser Bearbeitungsbegierde, wobei ihn die weiblichen Forderungen zunehmend verdrießen. Frauen weigern sich, die Vorstellung einer Glück verheißenden Symbiose mit dem Mann aufzugeben. Beharrlich bestehen sie darauf, vom Mann verstanden zu werden und wollen da keine Kompromisse eingehen. Und begehren soll er sie natürlich auch noch.

»Ich werde begehrt, also bin ich«, so das Credo vieler Frauen. Wann sie ihrem Partner das letzte Mal gezeigt haben, dass auch sie ihn begehren, erinnern die wenigsten. Warum sollten sie auch – Frauen lassen begehren.

Männer sollen sie erobern und mit ihnen leben wollen. Sie sollen anrufen und Blumen mitbringen, sie sollen pünktlich nach Hause kommen und ein freundliches Gesicht machen. Sie sollen glücklich sein mit der Frau, die sie lieben, und das gefälligst auch zeigen. Täglich, bitte sehr. Ist das zu viel verlangt? Eigentlich wollen Frauen ihre Männer zu einer identischen Gefühlskultur umerziehen – er soll denken, fühlen und lieben wie sie.

Die Gefühlsspezialisten

Frauen haben verdientermaßen Ansprüche, schließlich haben sie neben Schönheit noch anderes zu bieten: Sie können Quarkknödel machen und Bauchtanzen, sie können den Computer bedienen und die Steuererklärung ausfüllen. Die moderne Frau von heute ist verführerisch, gebildet, geht auf Stöckelschuhen oder im robusten Naturschuh durch die Welt, bereit, dem Mann eine ebenbürtige und treue Partnerin zu sein. Das würde sie beschwören, und es stimmt ja auch. Diese tiefe Überzeugung steckt in den Frauen.

Frauen lieben den Mann, anfangs jedenfalls. Im Laufe der Zeit vergessen sie es nur zusehends. Und dann werden sie nicht müde, sich über die Männer im Allgemeinen und diesen nichtsnutzigen Torfkopf im Besonderen zu beklagen.

Warum sie das tun? Betrachten sie sich als Expertinnen in Sachen Liebe? Fühlen sie sich überlegen, klüger, reifer?

Ja. Allerdings.

Frauen fühlen sich Männern eindeutig überlegen – sobald es um Gefühle geht. Und eine Liebesbeziehung ist eine Gefühlsangelegenheit, was denn sonst.

Männer, davon sind die meisten Frauen überzeugt, sind Ignoranten, was Gefühle betrifft, sie kennen weder ihre eigenen, noch können sie sich in die Gefühle anderer hineinversetzen. Darüber sprechen wollen sie schon gar nicht. Was Gefühle angeht, sehen Frauen sich als Spezialistinnen, mit gelassenem Stolz und einiger Selbstgefälligkeit. Sie sind sicher, dass sie einen emotionalen Vorsprung haben und dass Männer lernen müssen, ebenso viel zu fühlen wie sie, am besten schon morgens beim Frühstück. Und so wacht die Frau über diesen Lernprozess – sie macht sich quasi zum Gewissen des Mannes.

Ich fühle, also bin ich

Gefühle haben wir, ob wir wollen oder nicht. Aber wir sind ihnen nicht machtlos ausgeliefert. Für viele Frauen aber lautet die große innere Wahrheit schlicht: »Ich fühle, also bin ich«.

Nichts gegen Gefühle. Wirklich nicht. Aber sie sollten einen nicht beherrschen. Frauen meinen, wenn sie starke Empfindungen haben, müssen sie sich ihnen auch widmen. Schließlich kann man Gefühle nicht weglegen wie ein Buch, stimmt's?

Stimmt fast. Wahr ist: Frauen müssen nicht jedem Gefühl Raum geben. Sie müssen schlechte Gefühle beispielsweise nicht aufblasen. Warum sie es trotzdem oft mit notorischer Zwanghaftigkeit tun, bleibt ihr Geheimnis.

Miese Chefs, ein verpatzter Auftrag, eine nervige Schwiegermutter, das geht ja noch. Doch wenn Henry (oder Hans oder wie der aktuelle Herzbube eben heißt) mit einer anderen ins Kino gegangen ist, sehen viele

Frauen rot. Es kommt zum Kreuzverhör. Er beteuert, sie sei nur eine alte Bekannte. Aber wie sich herausstellt, ist sie keineswegs alt, sondern jung, beneidenswert jung. Und sie ist gerade zu Besuch in der Stadt, aha, er hat sie also früher mal gekannt. Wie gut gekannt? Und wieso trifft er sie nicht einfach auf eine Tasse Kaffee? Und was haben sie sich im Kino angesehen? Einen Liebesfilm womöglich? Jetzt wird es ihm zu bunt. Er könne doch wohl noch mit einer anderen Frau ins Kino gehen, ohne dass sie gleich eine Staatskrise ausruft. Warum, fragt er entnervt, führt sie sich derartig hysterisch auf?

Ja, warum? Sie ist, kein Zweifel, wirklich außer sich. Erst ruft sie eine Freundin an und heult sich aus, dann ruft sie die nächste Freundin an und heult sich noch mal aus, dann schreibt sie klagende E-Mails an alle, die empfänglich sind für ihren Hang zum Drama, und abends lädt sie auf jeden Fall ihre beste Freundin ein zum gemeinsamen Krisengipfel bei Wein und Salzstangen. Die Fragen, die bei den diversen Gesprächen erörtert werden, sind immer gleich: Sagt er die Wahrheit? Kann man ihm trauen? Wieso muss er mit ihr ins Kino gehen? Wieso denkt er nicht darüber nach, wie ich mich dabei fühle? Wieso hat er diese Frau vorher nie erwähnt? (Weil er wusste, dass dann die Hölle los ist, ganz einfach.)

Ob der Herzallerliebste mit einer anderen Frau ins Kino geht, den Hochzeitstag vergisst oder sich hinter der Zeitung verschanzt – es gibt eine Fülle von Gelegenheiten, über männliche Schwächen zu klagen, ihr Verhalten zu erörtern, hin und her zu wenden, zu analysieren, in der

Hoffnung, sich damit klarer über das eigene Gefühlschaos zu werden, das im Innern tobt. Frauen lieben es, über sich und ihre Gefühle zu sprechen. Ausgiebig, immer wieder, als versicherten sie sich damit, wirklich vorhanden zu sein.

Dabei verkommt Reden schnell zur Ersatzhandlung, zur Daueranklage – der erweiterte Glaubenssatz heißt dann: »Ich fühle und rede, also bin ich.« Und die jeweiligen Freundinnen, die um ihre Meinung befragt werden, sollen eigentlich nicht wirklich sagen, was sie denken, sondern die Jammerei abnicken und die Klagen über die Schrecklichkeit der Männer bestätigen.

»Es wird viel gelogen in diesen Gesprächen«, findet die Düsseldorfer Designerin Martha. »Oft würde ich meine Freundinnen gern bremsen, wenn sie ihre Tiraden loslassen gegen ihre Männer. Würde gern mal sagen: Du benimmst dich auch nicht gerade vorbildlich. Würde gern mal was Kritisches sagen. Aber das können sie nur schlecht aushalten.« Sie erzählt, wie sie einer guten Freundin, die immer wieder in Beziehungsturbulenzen steckt, mal die Meinung gesagt hat: dass sie zu viel jammert, dass sie sich immerzu als Opfer sieht. Dass sie sich in Wahrheit wenig Mühe gibt, aus ihrer Misere rauszukommen. Dass sie an Männern immerzu herumkritisiert und sich nie frage, ob sie nicht vielleicht auch hin und wieder Fehler mache. »Danach habe ich ein halbes Jahr lang nichts mehr von ihr gehört«, sagt Martha. »Ich glaube, Frauen lieben es, sich aufzuregen. Ihr Erkenntnisinteresse hält sich in Grenzen, sie wollen vor allem im Recht sein.«

Hang zum Drama

In einer Studie des Hamburger Meinungsforschungsinstituts »Ipsos« bescheinigten sich 44 Prozent aller befragten Frauen einen Hang zum Drama und bestätigten, dass sie sich deshalb von nichtsnutzigen Männern, die eigentlich beziehungsuntauglich sind, angezogen fühlten. So könnten sie sich immer wieder als Dramakönigin gebärden. Bekömmlich ist das leider nicht.

Frauen inszenieren ihre Gefühle gern, sie lieben melodramatische Gesten. Sie lieben sie oft mehr als den Mann an ihrer Seite. Wenn Frauen intensive Gefühle haben, fühlen sie sich lebendig. Ob sie sich gut dabei fühlen, ist eine andere Frage. Dass sie ihrer Beziehung damit häufig eher schaden, steht dagegen außer Zweifel. Aber offenbar können oder wollen sie nicht anders. Da ihnen Gefühle so wichtig sind, horchen sie ständig in sich hinein. Sie lauern geradezu auf Verfehlungen – der Mann an ihrer Seite hat ihre Gefühle verletzt, sie gekränkt, sie übersehen, sie kritisiert, hat nicht erkannt, wie sensibel und bedürftig sie ist. Männer versuchen gar nicht erst, sich zu rechtfertigen. Ja, es stimmt, dass sie etwas übersehen haben oder falsch eingeschätzt oder dass sie kränkend waren. Sie haben es nicht mit Absicht getan. Es tut ihnen meistens Leid. Es tut ihnen Leid? Nein, das reicht nicht. Sie sollen gefälligst nicht nachlassen in ihrem Bemühen, es den Frauen recht zu machen und auf dem Gebiet der Gefühle dazuzulernen, wo sie doch laut wissenschaftlichen Erkenntnissen derart unterlegen sind.

Nicht direkt unterlegen, räumen die Anthropologen ein, auch nicht unwillig, sondern nur langsamer. Und sie haben gelegentlich andere Dinge im Kopf, was ja nicht abwegig ist, denn der Mensch ist nicht ausschließlich ein Gefühlswesen.

Was wäre, wenn Frauen Männer nicht permanent behelligten mit Dingen, die ihnen offensichtlich schwer fallen? Oder, wenn sie sie anders behelligten, ein bisschen freundlicher und nachsichtiger?

Viele Frauen haben dafür weder Zeit noch Geduld. Sie gehen davon aus, dass die Männer so sind wie sie sind, um Frauen zu verärgern. Sie unterstellen, dass Männer durchaus anders könnten, würden sie sich nur mehr Mühe geben.

Diese Frauen sind in steter Alarmbereitschaft. Ihr Zetern erfüllt den Kosmos. Sie sind von ihrer eigenen tugendhaften Gesinnung überzeugt. Männer, diese Neandertaler im Dschungel der Gefühle, sind in ihren Augen dauernd in einer Bringschuld – und was immer die Entscheidungswilligen leisten, wie sehr sie sich auch bemühen, es ist nie genug.

Das Gedächtnis dieser Frauen ist wie ein Fundbüro. Auch Jahre später erinnern sie sich lückenlos an alle Versäumnisse ihrer Männer. Diese finden das geradezu beängstigend.

Auf der Suche nach Erlösung: Bridget Jones und ihre Schwestern

Frauen stimmen einen anhaltenden Klagegesang an, mal leiser, mal lauter, selbst wenn es ihnen objektiv betrachtet ganz gut geht.

In ihrem Innern sind Frauen hoffnungslose Romantikerinnen. Immerzu werden sie von Gefühlen und wilden Leidenschaften hingerissen, hergerissen, umgerissen. Nur: glücklich macht sie das nicht. Denn als stabile Basis für ein harmonisches Zusammenleben mit sich und anderen taugt diese Achterbahnfahrt der Gefühle kaum.

Könnte das Leben nicht einfacher sein? Im Gegensatz zu früheren Zeiten ist das Leben für Frauen heute vergleichsweise einfach. Eine moderne Frau kann heute machen, was sie will. Sie kann einen Beruf wählen, ihren Mann, die Art, wie sie leben will. Sie entscheidet darüber, ob sie Kinder will oder nicht – die Frauen der westlichen Welt haben in den letzten hundert Jahren große Schritte gemacht in Richtung Gleichberechtigung.

Inzwischen ist Emanzipation ein Wort, das junge Frauen nur milde lächeln oder damenhaft erschauern lässt. Die wenigsten jungen Frauen wollen damit etwas zu tun haben. Sie schauen auf ihr Dasein, und im besten Fall sind sie leidlich zufrieden. Oft aber sind sie unzufrieden, einsam, verwirrt. Sie wissen nicht genau, warum, aber sie fühlen sich unglücklich.

Sie sind die Profiteure der weiblichen Errungenschaften, wieso trotzdem dieses nagende Unbehagen? Viele dieser Frauen sind enttäuscht von ihrem Leben. Sie finden es farblos, irgendwie grau und ihre Partnerschaft mickerig – nicht immer, aber immer öfter. Eine nörgelnde innere Stimme scheint unentwegt zu bohren: Das soll alles sein? Mehr gibt es nicht? Das reicht mir nicht, das ist mir nicht gut genug.

Nur selten sind diese Frauen entspannt und zufrieden, weder mit sich noch mit anderen. Mit den erkämpften Freiheiten können sie wenig anfangen. Sie verdienen gut und sind unabhängig, doch sie leiden unter der Einsamkeit, der Kälte der Welt, der Sinnlosigkeit des Daseins, der Leere des Kosmos.

Wenn kein Mann sie liebt, welchen Sinn hat das Leben dann?, fragen sie sich insgeheim.

Sie hoffen auf die große, einzige, wahre Liebe und glauben, durch sie »ganz«, vollständig und erlöst zu werden. Energisch marschieren sie durch ihr Dasein, ohne mit der getuschten Wimper zu zucken und fahnden nach dem Mann fürs Leben: charakterfest, kinderlieb, gut situiert, kochtalentiert, Pferd kein Hindernis.

Kein Held, nirgends

Der graue Alltag sieht anders aus. Kein Held, nirgends. Nur Cellulite, die den Körper verschandelt. Also jammern Frauen weiter – und hoffen unablässig darauf, erlöst zu werden.

Erlöst zu werden, vom Schmerz allein zu sein, ohne

Mann zu sein. Die unbemannte Frau wirkt irgendwie unvollständig, jedenfalls auf lange Sicht. Früher hatten es allein stehende Frauen gesellschaftlich schwer, historisch gesehen mag deshalb das Allein-Leben als Single eine Bereicherung für Frauen sein, letztlich aber ist es nicht die von ihnen angestrebte Lebensform.

Das beweist einmal mehr Bridget Jones alias Renée Zellweger in der Verfilmung des Bestsellers von Helen Fielding »Das Tagebuch der Bridget Jones«.

Bridget ist eine leicht übergewichtige, liebenswerte Chaotin Mitte 30, die zu viel raucht, zu viel trinkt und an Krisenabenden mit ihren Freundinnen gern über die Perfidie der Männer lamentiert. Bridget ist verknallt in ihren Chef, einen zynischen, attraktiven Hallodri (Hugh Grant) und wird begehrt von dem ernsthaften Marc Darcy (Colin Firth), den sie zunächst nicht leiden kann, weil sie ihn für langweilig und spießig hält. Millionen von Frauen weltweit können sich mit der schusseligen, liebenswerten, einsamen, erlösungsbedürftigen Bridget identifizieren. Interessanterweise spielen die beiden Männer – gerade wegen ihrer ständigen Abwesenheit – die Hauptrolle für Bridget (und für die Kinozuschauerinnen).

Bridget ist eine moderne Heldin. Sie ist attraktiv, witzig, sie hat ein großes Talent zur Freundschaft und ist sexy – nur sie selbst findet das nicht. Sie hat Torschlusspanik, und sie glaubt, alle Frauen über 30 hätten ebenfalls Torschlusspanik. »Selbst die coolsten Frauen verlieren die Nerven und haben mit den ersten Anfällen von Lebensangst zu kämpfen: zum Beispiel einsam und allein zu sterben und drei Wochen später gefunden zu werden, angenagt vom eigenen Schäferhund.« Bridget ist solo. Und das ist in ihren Augen und in den Augen der anderen ein unübersehbarer Makel. Die Singlefrau feiert zwar regelmäßig ihre Unabhängigkeit – als selbstgewählte, lustvolle Lebensform, aber so recht dran zu glauben will ihr nicht gelingen.

Das formulierte 1973 bereits Erica Jong in ihrem Bestseller »Angst vorm Fliegen«:

»Bei einer Frau wird stets vorausgesetzt, dass sie allein ist, weil sie verlassen wurde, nicht aus einem Bedürfnis heraus. Und genauso wird sie behandelt: als Paria.«

Das Singledasein ist für eine Frau deshalb ein unwürdiger Zustand, weil sie sich selbst als unvollständig ansieht. Es ist mühsam, sich auf dem Beziehungsmarkt ständig in optimaler Verpackung und mit guter Marketingstrategie zu präsentieren wie ein edles Schmuckstück oder ein Superschnäppchen. Jong träumte damals vom »Spontanfick«, vom schnellen, folgenlosen Sex mit einem Unbekannten. Es kam nie dazu. Immer schwirrte da in ihrem Kopf auch die fixe Idee von der Ehe.

»Die Frau … lässt sich selbst keine Ruhe«, schreibt Jong. »Sie lebt, als stünde die Große Erfüllung vor der Tür. Als warte sie auf den Märchenprinzen, der sie von all dem befreit und mit sich nimmt. Wovon befreit? Von der Einsamkeit, die sie mit ihrem Innenleben teilt, von der Gewissheit, sie selbst zu sein, statt die Hälfte von irgendetwas anderem?«

Auch wenn die eine oder andere Frau sich heute durchaus den von Jong ersehnten Spontanfick gönnt und sich dabei wohl fühlt – Jongs Analyse trifft für die meisten Frauen auch heute noch zu. Und sie hat viel zu tun mit dem Stimmungstief, das Frauen haben, sobald es um Männer und Beziehungen und ihre eigene Beziehungsbilanz geht.

Alleinsein ist für viele Frauen keine befriedigende Lösung. Aber auch die, die eine Beziehung haben, wirken häufig enttäuscht. Die erhoffte Erlösung ist ausgeblieben. Die Partnerschaft oder Ehe fühlt sich schal an, nicht gerade Funken sprühend. Manche Frauen fühlen sich zwar einigermaßen aufgehoben in ihrer Ehe, aber zur gleichen Zeit auch eingesperrt. Sie empfinden Sicherheit und Geborgenheit, werden aber trotzdem von Ängsten geplagt, von Zweifeln, sind unausgeglichen und unzufrieden.

Irgendwie ist der Mann früher oder später ungenügend, die Vorwürfe an ihn häufen sich, die Zahl seiner Verfehlungen ist gewaltig. Oft möchte man fragen: »Wenn er wirklich so furchtbar ist, warum lässt du ihn dann nicht sitzen?«

Martina Sauter, 42, Therapeutin mit eigener Praxis bei Heidelberg, bekommt viele Klagen über Männer zu hören von ihren Klientinnen. Manche dieser Frauen, sagt sie, klingen dabei verbittert und geradezu verzweifelt. »Ich sage bei solchen Hetztiraden oft: Aha, mit so einem schrecklichen Menschen sind Sie also jahrelang zusammengeblieben. Warum eigentlich? Sie stellen sich damit ja auch ein Armutszeugnis aus. Und je länger ich als Therapeutin arbeite, desto häufiger frage ich mich: Woher kommt diese immense Angst der Frauen, eine wirklich schlechte Beziehung zu beenden?«

3. KAPITEL

Auf der Suche nach der Leichtigkeit des Seins

Ja, woher rührt die mangelnde Konsequenz der Frauen? Und was ist mit dem ironischen, selbstkritischen Blick auf sich selbst? Wie viel Schuld tragen Frauen selbst am Misslingen von Beziehungen?

»Was den meisten Beziehungen abhanden kommt nach ungefähr drei Jahren, ist diese schöne Leichtigkeit«, erklärt die Therapeutin Sauter. Die Beziehungen würden geradezu von der Schwere erdrückt, obwohl jeder ja diese Leichtigkeit in sich trage – »Sobald man sich verliebt, ist sie ja sofort wieder da. Man ist spontan, entzückt vom anderen, möchte verrückte Dinge tun und kann einfach fünfe gerade sein lassen. Viele Frauen verlieren ihre Leichtigkeit im Laufe der Zeit. Und oft geben sie den Männern die Schuld dafür.«

Während sie den Männern die Schuld geben am Elend ihres Daseins, an ihnen herumquengeln, meckern, nörgeln, lenken Frauen von sich selbst ab. Solange sie die Männer umerziehen, müssen sie sich nicht mit den eigenen Unzulänglichkeiten befassen. Mit dem eigenen Schmerz, der eigenen Unsicherheit, der Angst vor dem Alleinsein.

Sicher, wer sich umsieht, kann beobachten, dass es

bei vielen Paaren die Frauen sind, die sich um die emotionale Balance der Beziehung bemühen, um die Sozialkontakte, um Freundschaften.

Eine andere Frage ist, wie sie das tun.

Häufig bemühen sich Frauen um ihre Beziehungen mit nachsichtigem Lächeln und missionarischem Sanftmut – beides kann Männern gehörig auf die Nerven gehen. Wer kann schon ertragen, dass er unter unendlichen Anstrengungen erzogen und optimiert werden soll? Darin steckt eine Menge Missachtung und Entwertung, beides missfällt den Männern – zu Recht. Frauen behaupten, sie suchten unentwegt nach Kompromissen. Mag sein, aber sie beklagen auch dauernd den Status quo.

Warum befassen sich Frauen nicht intensiver mit den eigenen Widersprüchen und Problemen, warum leugnen sie sie eher? Wer an Selbstreflexion kein Interesse hat, die eigenen Widersprüche leugnet, abstreitet und die Schuld immer beim anderen sucht, ist ideologisch vernagelt und dogmatisch. Schlechte Voraussetzungen für ein glückliches Dasein.

Die Unmöglichkeit der Liebe

Früher, da ging es feministisch zu, in Teilen der Gesellschaft jedenfalls, Frauen waren kämpferischer und mehr nach außen orientiert. Heute sitzen sie in ihren schicken Wohnungen, betreiben Nabelschau, tauschen sich über Nagellack und Pumps aus, über Feng-Shui und die neuesten Designer-Stores und wirken dabei seltsam verdrossen.

Früher gingen die Frauen für ihre Rechte auf die Straße, für mehr Unabhängigkeit, sie sagten den Männern den Kampf an. Es war, wie die englische Schriftstellerin Fay Weldon sagt, »eine unblutige Revolution mit hoher Verlustrate«, diese Revolution führte zu neuen Freiheiten, nicht selten aber auch zu zerbrochenen Beziehungen, zu Einsamkeit.

Inzwischen können die Frauen der westlichen Welt dank des medizinischen Fortschritts frei über ihren Körper, ihre Sexualität, ihre Schwangerschaften entscheiden, Frauen haben politisches Mitspracherecht und Verantwortung, sie dürfen wählen und arbeiten gehen – es bedarf nicht der Erlaubnis eines Mannes, ein selbstbestimmtes Leben zu führen. Das ist zu begrüßen.

Die Gleichberechtigung der Frauen ist in vielen Punkten noch nicht erreicht, aber sie ist, historisch gesehen, ein gutes Stück vorangekommen. Grund genug, sich über diesen Fortschritt zu freuen, statt sich über die Männer zu beschweren und darüber, dass das Leben nicht glücklich ist.

Fay Weldon, von der es früher einmal hieß, ihre Bücher seien die Eierhandgranaten der weiblichen Emanzipation, findet inzwischen, dass Männer heute so gering geschätzt würden wie früher die Frauen. Sie beklagt, dass Frauen oft nur damit beschäftigt seien, Recht haben zu wollen gegenüber den Männern – mit ihren Ansichten, Wünschen und Forderungen. Weldon fordert mehr weibliche Selbstkritik: »Man muss sich dem eigenen Ich stellen, oder man stirbt.«

Die gute Fay hat Recht. Viele Frauen schauen heute

kühl auf Männer, geringschätzig, abwertend oder berechnend. In einem Interview kritisiert die französische Philosophin Elisabeth Badinter die Frauenbewegung der vergangenen Jahre: sie erkläre jede Frau zum Opfer – Opfer der Männer, der Arbeitswelt, der Politik, kurz, so Badinter, Frauen machten Frauen zu hilflosen Wesen, »die immer öfter beim Gericht Zuflucht suchen wie Kinder bei Papa und Mama. Aus den Frauen werden Kindfrauen gemacht.«

Badinter ist gegen diese Infantilisierung der Frauen, die sich, wie sie beschreibt, inzwischen über Institutionen und juristische Verfügungen vollzieht.

Badinter, die gerade das Buch »Die Wiederentdeckung der Gleichheit« veröffentlicht hat, hält weitere Gesetze und Reglementierungen für falsch und kritisiert vor allem ein EU-Gesetz, das in Vorbereitung ist und vorsieht, nicht nur Notzucht, physische Gewaltanwendung und sexuelle Belästigung durch Vorgesetzte strafbar zu machen, sondern auch jede unerwünschte Avance, jeden Seitenblick, jedes Wort oder jede Geste.

Im Jahr 2005 soll diese neue Regelung, initiiert von einer Frau, rechtskräftig werden, erklärt Badinter und wundert sich über den Mangel an Protest.

Ein solches Gesetz kann niemand wollen. Den Umgang von Männern und Frauen derart zu reglementieren ist unsinnig – viele Paare lernen sich am Arbeitsplatz kennen, oft beginnt es mit neugierigen Blicken, mit einem scheuen Flirt, mit Neckereien. Gegen freche, übergriffige Vorgesetzte können Frauen sich anders schützen. »Frauen haben doch gelernt, nein zu sagen«, erklärt

Badinter. »Wehrt euch!«, möchte ich ihnen zurufen. Gebt zurück, ironisch, witzig, provozierend, frech.«

Ihr Unmut über den neuen, wehleidigen Ton der Frauen sei in den letzten Jahren stetig gewachsen, erklärt Badinter.

»Mein Vorwurf an die Feministinnen ist der, dass sie in ihrem Kampf gegen das Männerimperium die Männlichkeit überhaupt abschaffen wollen. Damit leisten sie auch sich selbst einen schlechten Dienst.« Und jüngeren Frauen auch, möchte man hinzufügen, sofern diese nicht beteiligt sind an den von Badinter beklagten Entwicklungen.

Sex ist was für Spießer

Doch den meisten jüngeren Frauen geht es heute nicht mehr um das Recht auf Abtreibung oder um politischen Kampf, schon gar nicht geht es ihnen um Feminismus. Ihnen geht es vorrangig um ein glückliches Leben.

Warum auch nicht? Nur: Warum nähern sie sich dem eigenen Leben eher verzagt als frech, ironisch und optimistisch? Was fürchten sie? »Sex ist was für Spießer«, hielt die Buchautorin Katja Kullmann, damals 32, dem Altaufklärer Oswald Kolle, damals 74, in einem Streitgespräch entgegen. In ihrem Bestseller »Generation Ally« hatte Kullmann offenbart, sie und die Frauen ihrer Generation hätten den Sex aufgegeben, weil er so banalisiert sei. Kolle entsetzt: »Das ist genauso, wie wenn ich das Essen sein ließe, bloß weil im deutschen Fernsehen unentwegt komische Kochrezepte verkauft werden.«

Der amüsante Schlagabtausch, publiziert in der Beilage *Chrismon* offenbart eine gewisse Grunderschöpfung bei jüngeren Menschen. Kullmann: »Was ist Mann, was ist Frau, wie funktioniert Sexualität? Ich glaube, Frauen und Männer finden Sex oft unglaublich anstrengend. Kann ich lange genug? Wie verstecke ich meine Cellulite? Bringe ich genügend Fun-Faktor ins Spiel?«

Oswald Kolle ist zunehmend bestürzt über so viel Theatralik, die gleichzeitig auch eine gewisse Verklemmtheit offenbart. Er findet das alles sehr intellektuell und kopflastig, manches geradezu hysterisch. Kullmann gesteht: »Wir Frauen erleben Männer, die so viel weniger können als wir selbst. Denn wir können unser eigenes Geld verdienen, können aber auch Wäsche waschen. Und dann hat man so ein Männchen zu Hause, das jammert. Er weiß nicht, ob Softie oder Macho, dem man auch noch seine Unterhosen mitwaschen muss. Das ist hochgradig unattraktiv.«

Kullmann wünscht sich, dass Sexualität ein Restmysterium sei. »Wir haben eine unglaubliche Sehnsucht nach dem Wunder.« Der Dialog ist aufschlussreich und vielleicht für Kullmanns Generation repräsentativ – spätestens aber die Formel »Sehnsucht nach dem Wunder« macht deutlich: Die Welt steckt voller erlösungshungriger Frauen.

Die unerträgliche Traurigkeit des Seins

Erlösungshungrige Frauen leiden viel mehr und sind weitaus bedürftiger, als sie sich eingestehen wollen.

Sie tun emanzipiert und selbstbewusst, aber sie sind es nicht. Sie leben in ständiger Panik, für immer allein zu bleiben und sind unentwegt auf der Suche nach dem richtigen Mann. Dabei gebärden sie sich mal raffiniert wie Samantha in »Sex and the City«, mal neurotisch durchgeknallt wie Ally McBeal. Tief im Inneren sind sie hoffnungslos bedürftig.

Frauen haben Erwartungen, die Männer überfordern. Nicht weil Männer so dämlich sind (Ausnahmen bestätigen die Regel), sondern weil Frauen eine Heilserwartung haben: Sie wollen die eine, einzigartige, besondere Liebesbeziehung erleben. Sie erwarten insgeheim, in dieser wunderbaren Beziehung stabile Identität und Anerkennung zu finden – durch den Mann.

Diese emotionalen Ansprüche sind hoch. Dazu kommen außerdem noch die nicht geringen Anforderungen des Alltags. Es sind ja bekanntermaßen Kleinigkeiten, die das Leben vergällen können. Bei den Frauen hat der Ärger über den Partner zugenommen, wie das Allensbacher Institut ermittelte. 1992 regten sich nur 37 Prozent über ihren schnarchenden Partner auf, 2002 waren es bereits 47 Prozent. Die nicht heruntergeklappte Klobrille machte vor zehn Jahren 25 Prozent der Frauen wütend. Mittlerweile erregen sich 36 Prozent darüber.

Weitere Ärgernisse sind Haare im Waschbecken (23

Prozent) oder der Wunsch des Partners, eine bestimmte Fernsehsendung zu sehen, die frau nicht interessiert (30 Prozent) oder das unverzeihliche Vergehen, die Schuhe beim Hereinkommen nicht auf der Fußmatte abzuputzen (33 Prozent).

Wie bringt man Männer dazu, ihre Schuhe auf der dafür vorgesehenen Matte abzutreten und das schmutzige Geschirr wegzuräumen?

Gar nicht, warum auch? Wenn die Männer das bisschen Dreck nicht stört, warum stört es die Frauen? Das Lebensglück hängt nicht davon ab, ob die Küche aufgeräumt ist.

Vielleicht fehlt es den jungen Frauen heute an Zeit, Energie und Leichtigkeit. Sonst beharrten sie nicht so starr auf ihrer Vorstellung vom idealen Partner: er soll gut aussehen, im Leben seinen Mann stehen, dabei der perfekte Hausmann und Vater sein sowie der strahlende Beschützer, Kumpel und Verführer – am liebsten alles gleichzeitig. Er soll über Gefühle sprechen können. Er soll einen besten Freund haben, mit dem er nicht nur Tennis spielt, sondern sich austauscht.

Darum bemühen sich die Frauen. Weil sie dieses Ideal in ihrem Kopf haben, weil sie daran glauben, dass sie so einen verdient haben. Weil sie finden, dass er sich zu diesem Ideal hinbewegen sollte – es wäre nur zu seinem Besten.

Auch von den Medien wird dieses Ideal mitgeprägt.

Glücksverheißung und Mängelliste

»Diese Glücksverheißung in den vielen Werbebildern war stärker in meinem Kopf, als ich für möglich hielt«, erzählt Clara, Mutter von drei Kindern, die sich nach zwölf Jahren Ehe schließlich von ihrem Mann trennte. »Ich wollte eine perfekte Mutter sein, die mit den Kindern bastelt und Radtouren macht, mit einem Mann an meiner Seite, der gut aussieht und ausgeglichen ist und immer gut drauf ist. Was für eine maßlose Überforderung für uns beide.« Die Bilder, mit denen Frauen bombardiert würden, zeigten perfekte Paare als Vorbilder, die nie erschöpft oder gar entnervt seien und führten zu einem schonungslosen Umgang mit sich selbst, jenseits der eigenen Kapazitäten und Möglichkeiten.

Die eigene Erschöpfung habe sie häufig ignoriert, sagt Clara, sie habe die Zähne zusammengebissen und sich immer mehr abverlangt. Ihren Mann habe sie ständig mit so genannten »Mängellisten« traktiert – um ihn zu bessern, wie sie sagt. Eine Strategie, die auch andere Frauen betreiben. Unermüdlich predigen sie an den Mann hin. Damit er der werde, den sie sich vorstellt.

Und je mehr er sich dieser Erziehungsmaßnahme entzieht, desto verbissener setzen Frauen ihr gesamtes weibliches Repertoire an Techniken ein, um den Mann nach ihrem Bild umzumodeln.

»Ich habe geglaubt, dass meine Verzweiflung, meine Klagen ihm irgendwann die Augen öffnen«, sagt Elisabeth, 31. Sie ist verheiratet mit einem Banker und widmet sich den gemeinsamen zwei Kindern. »Ich habe gedacht, dass er irgendwann vor mir steht und sich inbrünstig entschuldigt und alles anders wird. Er hat sich stattdessen immer mehr zurückgezogen und gehofft, dass ›es‹ zwischen uns irgendwie besser wird.«

Von allein wird »es« nicht besser werden, Elisabeth weiß das und ihr Mann wohl auch. Zu einer Ehetherapie können sich beide nicht aufraffen. Elisabeth hat sich schon zigmal vorgenommen, weniger zu nörgeln, aber sie schafft es nicht. Sie fühlt sich in der Ehe überhaupt nicht mehr wohl, hat aber Angst, sich zu trennen. Sicher, eine Trennung ist keine einfache Sache, vor allem, wenn auch Kinder betroffen sind. Andererseits trennen sich auch viele Frauen nicht, selbst wenn keine Kinder im Spiel sind.

Bleibt frau in einer Beziehung, weil sie sich wohl fühlt, oder hat sie einfach nur Angst, woandershin aufzubrechen? Fürchtet sie, ohne Mann bliebe ihr nur die unendliche Traurigkeit des Seins? Warum geht frau nicht einfach, wenn sie die Nase voll hat? Warum klebt sie an ihrem Partner wie ein nasser Duschvorhang? Wir wissen es nicht, vielleicht wissen diese Frauen es selbst nicht. Vielleicht wollen sie die Verantwortung nicht auf sich nehmen, weder fürs Fortgehen noch für das Weiterführen einer enttäuschenden Beziehung. Deshalb schieben sie die Schuld ihrem Partner in die Schuhe – solange es eben geht.

Die Schatten der Vergangenheit

Doch was hat das Leben schon mit Logik zu tun? Neuanfänge sind nicht immer einfach, so viel wissen wir immerhin. Jeder Mensch hat jemanden und wenn nicht, dann treibt ihn die Sehnsucht nach jemandem. Und dann gibt es immer auch die Erinnerung an jemanden. Jeder und jede hat schon mal verlassen und ist verlassen worden, ist verraten und betrogen worden, war selbst ein Betrüger oder Verräter. Es ist also Unsinn, so zu tun, als sei alles immer wieder neu, als könnten wir jemals »einfach von vorn anfangen«, als könnten wir Tipp-Ex streichen über unsere Vergangenheit, unsere misslungenen Liebesversuche, unsere Treulosigkeit und unser Herz rein und unschuldig präsentieren, bereit für die nächste große Liebesgeschichte.

Jede neue Liebe trägt die Schatten der Vergangenheit in sich, die Erinnerungen an verfehlte Liebe, an Enttäuschungen, an Abenteuer, die wir ängstlich vermeiden oder freudig erlebt haben. Wir marschieren in jede neue Liebeserfahrung mit all dem, was wir uns zugetraut haben und welche Lebensmöglichkeiten wir verworfen haben, all diese Erinnerungen tragen wir in uns, und sie haben Auswirkungen auf jede weitere Liebesgeschichte.

Oliver, Ende 50 und verheiratet, sagte uns: »Wenn ich liebe, liebe ich zu 100 Prozent. Ich setze mich ganz für diese Liebe ein, ich stehe dafür ein, ich gebe alles, was ich habe, mein Herz, meine Seele. Und selbst wenn ich merke, dass meine Frau Vorbehalte hat, dass sie spielt, dass sie versucht, meine Grenzen auszuloten, dass sie nur 70 Prozent zurückgibt oder weniger, bleibe ich bei 100 Prozent. Ich kann nicht anders. Das ist mein Ideal der Liebe.«

Entschiedene Hingabe, die beeindruckt. Sicher ist es kein Zufall, dass dieser Mann in einer glücklichen Beziehung lebt. Er weiß, was er will, er hat ein Ideal, und er steht dafür ein. Er erwartet nicht, dass seine Partnerin sich auf ihn zubewegt, dass sie sich »bessert«, er bleibt bei sich. Und dort scheint er gut aufgehoben.

Sind Frauen wirklich die wunderbaren Beziehungskünstler, als die sie gelten? Schaut man sich um, sieht man eine Menge Frauen, die konfus von einer Beziehungsmisere in die nächste wandern und bei ihren Freundinnen über ihre amourösen Pleiten und Pannen klagen. An denen natürlich immer die Männer schuld sind.

Und wo nicht das Chaos regiert, haben sich Frauen selbstgefällig zurückgelehnt. Weil ja nun die Biologie an allem schuld ist, blickt man mit mattem Lächeln auf seine bessere Hälfte, ein wenig nachsichtig – er weiß es halt nicht besser, es liegt an diesen dusseligen Genen. Entsprechend geht es bei diesen Paaren zu – seltsam abgeklärt. In diesen Verbindungen herrscht viel flaue Gemütlichkeit, manchmal Kameraderie, wenig Konfrontation, wenig Spannung, wenig Sex.

Männer sind besser als ihr Ruf

Was tun?

Wenn Frauen unzufrieden sind, machen sie häufig ihre Männer dafür verantwortlich. Sie glauben, dass Männer emotional träge sind, sie vernachlässigen, sie vom guten Leben abhalten. Solche Männer gibt es natürlich. Doch andere wollen diesem Bild so gar nicht entsprechen.

Männer sind besser als ihr Ruf.

Die Hamburger Buchhändlerin Maria, 34, sagt selbstkritisch: »Ich glaube, Männer wollen auch mal erobert werden, sie sind es leid, dass sie immer alles machen sollen. Jagen und sammeln und flirten und funktionieren, Frauen umgarnen und ausführen. Sie sind müde. Schließlich haben sie auch schon einige Zurückweisungen erlebt. Und was sie schon überhaupt nicht haben können, ist, wenn Frauen sie domestizieren wollen.«

Es gibt zwar kein Patentrezept, wohl aber Regeln, nach denen die Liebe funktioniert. Frauen können vieles tun (und lassen), damit ihre Partnerschaften gelingen. Und sie können einiges tun, um den Mann zu finden, mit dem sie glücklich werden.

Wenn sie nicht auf der Jagd nach der großen Liebe bereits resigniert haben.

4. KAPITEL

Liebe verzweifelt gesucht

»Wir werden diesem einen Menschen nicht mehr begegnen, von dem wir auf Anhieb wissen, dieser passt zu uns wie kein Zweiter, er ist der einzig Richtige«, schrieb der Schriftsteller Botho Strauß in »Paare, Passanten«.

Wir suchen ihn auch nicht mehr, behaupten Soziologen und Gesellschaftsforscher. Die Suche nach der besonderen Person weiche immer mehr der Suche nach der besonderen Beziehung. Das spukt in den Köpfen der Menschen herum, dass es sie geben muss, diese besondere Beziehung. Weil Freiheit nach einer Weile schal wird, weil kein Freundeskreis, kein noch so ausgefallenes Hobby, kein Haustier, keine Villa und kein Reiseziel der Welt diese Sehnsucht nach der großen Liebe und einem vertrauten Gegenüber stillen kann.

Das bestätigen auch Therapeuten. Die Hamburger Psychologin Claudia Clasen-Holzberg erlebt in ihrer Praxis zunehmend junge, attraktive, gut ausgebildete und beruflich erfolgreiche Frauen zwischen 20 und 35 Jahren, die ihre Hilfe in Anspruch nehmen.

Ihr Leidensdruck, keinen Mann zu haben, ist immens.

Nach dem Motto »Nichts ist unmöglich« haben sich viele Frauen einen so flotten Rhythmus verpasst, dass sie selbst kaum hinterherkommen. Zu diesem flotten Rhythmus gehört eine glückliche, erfolgreiche und befriedigende Partnerschaft, natürlich mit einem Mann, den man vorzeigen kann, der gut ankommt, der lebenstauglich ist. Der Mann ist ein Statussymbol wie ein Auto, eine Trophäe, die stolz vorgezeigt wird. Wenn es mit dieser Trophäe nicht klappt oder nur kurzfristig, ist die Scham groß. Und Frauen ohne Mann halten sich für Versagerinnen, was ihnen erstens nicht gut steht und zweitens hoffnungsvolle Begegnungen nicht gerade befördert. Hemmend, so Psychologin Clasen-Holzberg, seien übersteigerte, idealisierte Vorstellungen, die Frauen an sich selbst, an die ersehnte Partnerschaft, an den ersehnten Partner hätten, bei gleichzeitig starken Ängsten, abgewiesen zu werden oder an diesen Ansprüchen zu scheitern.

»Die Beziehung muss nicht nur eine Menge Wünsche ad hoc erfüllen, es darf eigentlich auch immer nur bergauf gehen«, erklärt Clasen-Holzberg in einem Interview mit der Zeitschrift *Brigitte*.

»Man lernt sich kennen, und dann muss es immer besser werden, immer intensiver, immer befriedigender. Sobald die Kurve einen kleinen Knick nach unten macht, sind wir schon irritiert und beunruhigt. Und wenn es wirklich Frust und Stress und Streit gibt, dann erleben wir das gleich als Katastrophe.«

Dabei hegen viele Frauen die naive Hoffnung, irgendwo auf diesem Planeten säße ihr Seelenpartner. Er sitzt da und wartet. Findet man ihn, beginnt ein lebenslanger Honeymoon. Die Erde bebt, die Geigen spielen, alles ist gut. So lästige Dinge wie an sich arbeiten, die Liebe lebendig halten, Ansprüche auch mal runterschrauben, kann man getrost anderen überlassen. Hinter diesen Vorstellungen, so Fachfrau Clasen-Holzberg, stecke eine geradezu kindliche Heilserwartung.

Unbewusste Heilserwartungen tarnen sich oft ganz geschickt, beispielsweise hinter Bedingungen, die Frauen an ihre Beziehungsbereitschaft knüpfen. Bevor sie loslegen mit ihren Suchprozessen überlegen sie, wie der Mann sein soll, den sie erträumen.

»Wie er sein muss? Er muss überhaupt nichts Besonderes sein – ich könnte jetzt sagen: Er soll schöne Hände haben, Klavier spielen können und eine melodische Stimme. Ich steh auf diese leicht melancholischen Künstlertypen. Die sich dann meist als ziemlich schwierig entpuppen. Sie lieben die Kunst, aber nicht unbedingt mich. Aber wirklich, es muss kein Künstler sein. Ich möchte eigentlich nur einen Mann haben, der aufrichtig eine Beziehung sucht, der weiß, ja, es kommen auch schlechte Tage. Ich sage immer: Wer den Hund liebt, muss auch seine Flöhe lieben, nicht wahr? Also, er sollte Humor haben und eben auch richtig mit einer Frau zusammen sein wollen, nicht so einer, der sich nicht so recht traut. Sicher, wir haben alle Angst vor Nähe, meine Generation. Wir sind ziemlich eigen, wir wollen einen Partner, wir wollen jemanden an unserer Seite haben, aber eben nur, wenn es perfekt passt.«

Das alles erzählt Hella, eine Hamburger Krankenschwester, 31 Jahre alt. Hella ist froh, dass es den Anzeigenmarkt der Zeitungen gibt. Denn wo soll man heute neue Leute kennen lernen? Der Freundeskreis ist abgegrast. Der Arbeitsplatz empfiehlt sich nicht so recht. Bei Freizeitunternehmungen, in Kursen und beim Sport sind mehr Frauen als Männer.

Und für Bekanntschaften in der Kneipe oder in einer Bar ist Hella zu schüchtern. Wie macht man das, jemanden einfach ansprechen? Sie kennt Frauen, die Männer abfahren lassen mit der Bemerkung: »Hau ab, verpiss dich.« Hella hat Sorge, dass Männer ähnlich schroff auf sie reagieren könnten. Auch hasst sie es, von oben bis unten gemustert zu werden, wortlos und ohne freundlichen Blick.

Einmal war sie auf einer Single-Party, die unter dem Motto »Herz beißt Haifisch« lief. Es war nicht schwierig, dort jemanden kennen zu lernen, sagt Hella, weil »diese Partys ja offene Treffen flirtwilliger Menschen sind, die sich bekennen zu ihrer Suche.« Es war ein amüsanter Abend mit vielen netten Gesprächen, gefunkt hat es aber leider bei ihr nicht. Hellas Erfahrungen sind durchaus typisch, ihr Schicksal ist keineswegs ungewöhnlich.

Hella hat gerade eine Anzeige aufgegeben in einem renommierten Wochenblatt, und es haben sich 15 Männer gemeldet, mit sieben von ihnen will Hella sich treffen. Sie hat dunkle, lockige Haare, ist eher zierlich und zieht sich mädchenhaft an, Blümchenbluse und Strickjacke, sie strahlt etwas Zartes aus.

»Ja, viele Männer denken, sie müssten mich beschützen. Aber danke, ich kann ganz gut auf mich selbst aufpassen. Und ein Kriterium habe ich natürlich, hätte ich fast vergessen: Wenn er keine Tiere mag, hat es keinen Zweck. Ich habe zwei Katzen und einen Garten, und wer mit meinen Katzen nicht kann, tut mir Leid, mit dem kann ich auch nicht.« Wenn Hellas Dates sich als enttäuschend erweisen, will Hella es mit einer Internet-Plattform versuchen.

Das Internet ist inzwischen zur vitalen Liebesbörse geworden. Laut einer Emnid-Umfrage haben bereits zwölf Prozent aller Frauen ihren Partner im Internet kennen gelernt. Mehr als 40 Prozent der 14- bis 50-Jährigen finden es denkbar, im Netz einen Partner zu suchen, und in den USA ist der Markt für professionelle Partnersuchdienste im Netz im vorigen Jahr um 387 Prozent gewachsen.

Auch in Deutschland stellen sich unzählige Internet-Plattformen in den Dienst der Liebesanbahnung, sie weisen beeindruckende Wachstumszahlen auf, was bei rund 14 Millionen Singles und den Hunderttausenden von Trennungen jedes Jahr keine Überraschung ist.

»Es ist ein anderer Weg der Kontaktaufnahme«, sagt die Münchner PR-Frau Iris, 34, »viel schneller und unkomplizierter.« Iris hat sich für parship.de entschieden, eine Plattform, die gebührenpflichtig ist (150 Euro für 6 Monate) und mit Hilfe von Chiffrelebensläufen Leute miteinander verbindet.

Iris hält, nach etlichen Versuchen mit anderen Kontaktbörsen, parship.de für seriös und steht inzwischen mit rund 30 Männern in regem Mail-Kontakt. Ihre Gründe, diesen Weg zu wählen, klingen einleuchtend:

Sie trifft Menschen, die sie sonst wahrscheinlich nie getroffen hätte. Für sie als Single-Frau ist es einfacher, jemanden anzumailen als anzusprechen in einer Kneipe. In München ist es schwer, neue Leute kennen zu lernen, weil so viele Cliquen unterwegs sind. Nach einer gescheiterten Beziehung, wenn man sich mies fühlt, ist es unkomplizierter, sich am PC abzulenken und dort Leute kennen zu lernen, als sich gleich wieder auf Partnersuche ins feindliche Leben zu begeben.

Männer im Netz

Im World Wide Web gibt es rund 2000 Sites, die bei der Suche nach einer festen Beziehung, einem Freizeitpartner oder einem Flirt behilflich sein wollen, sie protzen mit ihren Mitgliedszahlen und Erfolgen, die Genauigkeit ihrer Angaben ist nicht überprüfbar. Fest steht: Die Online-Partnersuche wird weiter zunehmen, und das Internet wird zu einem der beliebtesten Treffpunkte für Zweisamkeitswünsche.

Wieso sollte man, wo man sich heute alles aus dem Netz bestellen kann, nicht auch einen Partner dort finden können?

Nur kann man einen Menschen nicht ordern wie ein Buch oder ein Auto. Einerseits muss man sich schriftlich äußern, den anderen beeindrucken, kreativ sein. Andererseits wird jeder Suchende auch schnell zum »Profi«, so Iris, denn Worte sind geduldig. »Es wird gelogen, dass es nur so kracht.« Das durchschaut man erst mal nicht – bis es zu einem Date kommt. Eine Begegnung von Angesicht zu Angesicht ist schwieriger zu manipulieren als ein Steckbrief, den man ins Netz stellt.

»Es geht bei diesen Kontaktbörsen hauptsächlich um eines: Wie kann ich mich am besten verkaufen und auf dem Markt anbieten? Und wie kann ich so schnell wie möglich diesen Markt sichten?«, kritisiert die Paartherapeutin Claudia Clasen-Holzberg im Magazin *Stern*. »Es geht um Rentabilität, Effizienz und Management. Wir rastern Menschen.«

Tatsache ist: Es wird hemmungslos gemogelt, geschummelt und gelogen im Netz. Und die Distanz schützt nicht vor Verletzungen. »Man muss wissen, was man will, strenge Suchkriterien sind notwendig«, sagt Miriam, Buchhändlerin aus Frankfurt, 28 Jahre alt. Sie hat es schon einige Male im Netz versucht und sich mit mehreren Mail-Partnern getroffen.

Einer hatte seine Ex-Frau und die zwei Kinder vergessen zu erwähnen, einer rauchte wie ein Schlot, was Miriam nicht ausstehen kann, einer sagte gleich, dass er jedes Wochenende Fußball spielen wollte und seine Freiheit brauchte. Das letzte Inserat, das Miriam jetzt ins Netz stellte, lautet: »28-jährige Buchhändlerin, hübsch, sportlich, sucht unabhängigen Mann für fröhliche Beziehung. Er sollte ein offenes Herz haben und Bücher mögen.«

»Mal sehen, was jetzt passiert«, sagt Miriam. Sie will es gelassener angehen, nicht so ungeduldig sein. Das hat sie sich vorgenommen. Eigentlich will sie eine Familie gründen und Kinder haben. Aber, sagt sie, »erzwingen kann ich es ja nicht. Und ich hab ja auch noch ein bisschen Zeit.«

Eine andere Frau, die wir interviewten, heißt Pia. Die Werbefrau ist 36, blond, großbusig, sie sieht ein bisschen aus wie Pamela Anderson, ist sinnlich, humorvoll und gescheit.

Nach einer Trennung wollte sie sich eine Zeit lang austoben. In einem Chatroom lernte sie 12 Männer kennen, flirtete heftig mit ihnen – virtuell, versteht sich – und verabredete sich schließlich. Zehn von ihnen, so stellte sich heraus, hatten maßlos gelogen, sowohl was Aussehen als auch Status betraf.

Sie hofften, wie sie zögernd gestanden, dass Pia das nicht weiter übel nehme. »Ich weiß nicht, was die sich denken. Wenn die Bekanntschaft schon mit so einer Lügerei losgeht, hat die Sache doch keinen Sinn«, sagte Pia und verabschiedete sich jedes Mal ziemlich kühl.

Bis sie sich mit dem Mann traf, der ihr besonders gut gefiel. Auch er hatte gelogen. Beim ersten Treffen gestand er, was er vorher verschwiegen hatte, er sei verheiratet und suche neben seiner Ehefrau, die er wie eine Heilige verehre, aber nicht mehr begehre, eine Geliebte.

Er wünschte sich Sex, Leidenschaft, Ekstase und keine feste Beziehung. Pia: »Fand ich gut, weil, ich wollte mich ja auch eher amüsieren als was Festes. Und er war wahnsinnig attraktiv.« Geschenke, Blumen, romantische Abendessen – der attraktive verheiratete Mann legte sich ziemlich ins Zeug, es folgte eine erste leidenschaftliche Liebesnacht.

Dann tauchte der Traummann plötzlich ohne ein Wort der Erklärung ab, er meldete sich nicht mehr, reagierte weder auf Anrufe noch auf Nachrichten jeglicher Art – als hätte seine Geliebte eine aussätzige Krankheit. Pia ist unglücklich. »Erst hat er sich richtig ins Zeug gelegt. Als er merkte, dass ich ihn auch wollte, hat er plötzlich kalte Füße bekommen«, glaubt sie.

Also ein Angsthase, der sich aus dem Staub macht, obwohl sie freiwillig die Rolle der Geliebten gespielt hätte?

»Na ja, er hat vielleicht schon gespürt, dass ich das nur eine Zeit lang mitmachen würde. Er hat vielleicht auch gespürt, dass ich verknallt war in ihn. Vielleicht war ihm das einfach zu viel. Jedenfalls tat es weh, dass er sich einfach so davongemacht hat.«

Pia fühlte sich so schlecht behandelt, dass sie sich überlegte, ob sie nicht die Ehefrau einweihen solle, ihr erzählen, was ihr Mann da so treibt via Internet und darüber hinaus. Sie hat es dann gelassen, ist aber jetzt sehr viel vorsichtiger. Das Netz, sagt sie, sei eine reizvolle, aber nicht ganz ungefährliche Spielwiese. Man müsse auf sich aufpassen.

Es ist eine große Dynamik in diesen Kontakten, findet die Web-erfahrene Iris. Man mailt, telefoniert, trifft sich. Zu lange rummailen hält Iris für unsinnig. »Denn man macht sich ein Bild vom anderen, während man all diese netten Sachen liest. Und dann trifft man einen und denkt: Oje, mit dem, das geht ja überhaupt nicht!«

Was das Internet als Chance bietet, ist gleichzeitig

auch das Problem – die Anonymität, die zunächst gewahrt bleibt. Vor allem Frauen sind als geborene Romantikerinnen gefährdet und sollten sich wappnen.

Da kann frau sich wochenlang mit Mails hochschaukeln, ist entzückt vom Sprachwitz des Gegenübers, vertraut ihm Geheimnisse an, schäkert mit jemandem, dessen Bild sie nicht kennt oder von dem sie vielleicht ein manipuliertes Bild im Kopf hat, plaudert mit jemandem, dessen Gestik und Mimik sie nicht vor Augen hat. Umso mehr entstehen eigene Fantasien und Bilder. Sehnsüchte setzen sich in Kopf und Herzen fest, Gefühle werden an einem Fantasiemenschen entzündet, viel Wunschdenken beflügelt die wachsende libidinöse Energie.

Die Auseinandersetzung mit einem wirklichen Menschen wird vertagt. Lieber arbeitet frau noch ein wenig an der Feinzeichnung des Charakters vor dem ersten Rendezvous.

Denn ein wirkliches Date killt vielleicht die Magie. Frau sieht den anderen und findet ihn schrecklich: zu groß, zu klein, zu dick, zu dünn, furchtbare Stimme, Glatze oder sonst was.

Ein wirkliches Date ist eine heikle Sache – der andere ist auf dem Prüfstand, frau selbst auch, und wenn dann einer schnell abmoderiert und sieht, dass er sich davonmacht, tut das weh – es ist schmerzhaft und demütigend, einfach so aussortiert zu werden.

Der andere war eine Hoffnung und erweist sich als ungenügend, oder frau ist selbst ungenügend in den Augen des anderen. Manchmal sind es nicht optische Enttäuschungen, sondern die berühmte Chemie stimmt einfach nicht: Was virtuell prächtig funktionierte, harmoniert im wirklichen Leben einfach nicht – man ödet sich an, hat sich nichts zu sagen, die Art, wie der andere lacht, erinnert an eine Hyäne oder, schlimmer noch, an das Lachen der verhassten Tante Hilde.

Lukas, 41, ein Werbetexter aus Hessen, nutzt das Netz, weil er auf dem Land wenig Gelegenheit hat, Frauen kennen zu lernen. Er ist pragmatisch: nach einigen Mailkontakten schlägt er den Frauen, die ihn interessieren, ein Treffen vor. »Ich bin schließlich auf der Suche nach einer Beziehung und habe nicht ewig Zeit«, sagt er. Er will heiraten und Kinder haben, eine Frau mit Kind wäre deshalb auch kein Hindernis. Manche Frauen, mit denen er sich getroffen hat, fand er sehr attraktiv, charmant und witzig.

Ihn irritierte allerdings, wie schnell sie ihm ihr Herz ausschütteten. Sie erzählen ihm von beruflichen Problemen, von Krankheiten, von verflossenen Lieben. Das verschreckt Lukas, er findet es unangemessen. »Verlieben kann ich mich in so eine Frau nicht, mich törnt so was einfach ab. Ich finde es irgendwie distanzlos.« Ein weiteres Date wird es nicht geben. Und auch kein klares Feedback an die Frauen. So werden sie also nicht erfahren, dass sie Lukas beim ersten Date bereits vergrault haben, weil sie ihn mit ihren Problemen belasteten.

Wo ich nicht bin, ist das Glück

Das Internet beschleunigt Kennenlern-Vorgänge, aber auch Verabschiedungen – man wird angeklickt, man wird weggezappt, bevor die Chance besteht, sich näher kennen zu lernen, sich in verschiedenen Situationen zu beobachten, gemeinsam etwas zu unternehmen und so nach und nach sichtbar zu werden füreinander.

An diesem Spiel sind Frauen und Männer beteiligt, es kann Spaß machen, aber auch erbarmungslos sein. Beides entspricht dem Zeitgeist. Die Menschen, Frauen sind da keine Ausnahme, werden getrieben von einem großen Erlebnishunger. »Gerade das, was wir nicht erleben können oder dürfen, beunruhigt oder ängstigt uns«, sagt der Arzt und Autor Till Bastian. Und so zappe sich der Mensch der Moderne unzufrieden durchs Leben, immer auf der Suche nach anderen Kanälen mit einem möglicherweise besseren Programm – nach dem Motto: Wo ich nicht bin, da ist das Glück.

Diese Haltung zeigt sich auch bei den Erwartungen an den Partner – sie sind enorm. Er muss attraktiv und erotisch anziehend sein, sozial umgänglich, intelligent sowieso, geistreich. Was man selbst zu bieten hat, bleibe häufig weit dahinter zurück, so Bastian. Man wolle sich nicht ausliefern, keine Schwächen zeigen, sich immer den Notausgang offen halten, kurzum, bloß nicht abhängig werden. Bastian: »Wir wollen keine Beziehung, sondern die Option auf eine Beziehung, zu Bedingungen, die wir kontrollieren können.«

Bemerkenswert auch, was der Bestsellerautor Haruki Murakami, der sich in verschiedenen Kulturen auskennt und die Liebe in seinen Büchern zum Thema macht, in einem Interview mit der Zeitschrift *Brigitte* erzählte. In Japan, so Murakami, existiere die Idee von der perfekten Liebe nicht. »Wir glauben, dass jeder Mensch Fehler hat und gewähren uns gegenseitig die Akzeptanz dieser Fehler. Wir sind daran gewöhnt, zu geben und nicht nur zu fordern. Ich habe den Eindruck, in der christlichen Welt muss die Liebe perfekt sein, sonst ist sie nichts wert. In Amerika suchen die Menschen den perfekten Partner und wenn sie ihn nicht finden, lassen sie sich scheiden, heiraten wieder, finden ihn wieder nicht. Es ist, als drücke man immer wieder die ›Reset‹-Taste, um das gleiche Spiel von neuem zu spielen.«

Der Perfektionswahn tarnt nicht selten Angst vor Nähe, vor Intimität, vor einer tiefen, reifen Bindung. Angst vor Nähe diagnostizieren die Experten bei Männern wie Frauen, sie beherrscht deren Verhalten. Alles ist locker, easy, ohne große Verbindlichkeit, immer ist ein Hintertürchen offen, man sucht nach jemandem und denkt gleichzeitig – da gibt es vielleicht noch jemand Besseren. Es entsteht ein mühseliges Spiel um Distanz und Nähe, das weitgehend unbewusst abläuft.

»Wenn man die geheime Maßlosigkeit der eigenen Wünsche bei irgendeinem anderen wiederfände – es wäre schrecklich«, sagt der Münchner Psychoanalytiker Wolfgang Schmidbauer. »Daher wird jede Verpflichtung vermieden, man lernt, cool zu wirken. Jeder Hinweis auf Abhängigkeit ist verdächtig. Je drängender die Bitte um ein Wiedersehen, desto weniger wahrscheinlich findet es statt.«

Denn wer ein Wiedersehen so dringlich ersehnt, der hat es ja offenbar nötig, nicht wahr? Es gibt Regeln für diese coolen Dates. Nicht über Geld, nicht über Politik, nicht über Sex reden, nicht über frühere Beziehungen, womöglich Enttäuschungen. Keine Begeisterung zeigen, sich nicht anbiedern.

Eine derartige Bekanntschaft bewegt sich im Ungefähren, sie bleibt vage und wird immer wieder neu verhandelt. Das ist anstrengend, weil es eine künstliche Fassade ist, die man dem anderen zeigt. Die Medien spiegeln und befördern diesen kindlich-narzisstischen Typ. Vielleicht muss aufrichtige Liebe zur Mangelware werden in einer schillernden Medienwelt, in der es um schnelle Effekte geht, in einer Welt, die häufig wie ein ermüdendes Spiel ohne Grenzen wirkt, in der die Banalität des Blöden, der hippe Charme des Pubertären triumphiert.

Der Preis ist hoch: Man lebt in einer dauernden Ungewissheit, und man kann sich nur in diese anstrengende Kontaktwelt wagen, wenn man gut drauf ist. Niemand fühlt sich wohl dabei, alle sind enttäuscht, weil keine wirklichen Begegnungen stattfinden, immer nur Pseudointimität. Und so geht es eine Weile hin und her, jede neue Runde kostet Mühe, weil jeder durch coole Posen beeindrucken will, ohne den anderen unverstellt und offen anzusehen oder sich selbst aus der Deckung zu wagen. Man beteiligt sich an diesem Spiel, zu dem, je nach Gruppe, bestimmte Rituale, Lokale, Redensarten und Kleidung gehören, die die unverbindliche, coole Pose unterstützen. Man beteiligt sich und versucht, die Traurigkeit zu verdrängen, die daher rührt, dass man nie jemanden richtig wahrnimmt, richtig sieht und auch selbst nicht gesehen wird – wie könnte man auch, wo sich doch niemand authentisch sichtbar macht. Doch dieser Verrat am eigenen Selbst rächt sich. Wie eine Marionette funktioniert man nach Regeln, die man selbst nicht bestimmt hat, die einem nicht mal besonders gefallen. Die coolen Posen aufzugeben scheint vielen keine Alternative zu sein – wie sollte man stattdessen sein? Wer ist man, wenn man sich plötzlich nicht mehr durch schicke Klamotten, Handtaschen und Schuhe, sorgfältig nach Marken ausgesucht, definiert? Mit Hilfe der Marken, die wir wählen, legen wir ein Bekenntnis ab – aber wir bekennen dabei nichts Wahrhaftiges über uns.

Was sagt es über einen Menschen, wenn er nicht bei Tchibo, sondern bei Prada einkauft? Dass er es sich leisten kann. Und dass ihm Prada offenbar mehr zusagt als Tchibo. Genau das – mehr nicht.

Irgendwo tief drinnen weiß das jeder, nur verhält sich kaum einer danach. Das Spiel mit den Marken ist immer wichtiger geworden in den letzten Jahren. Die richtigen Marken zu tragen ist bedeutsam, um anerkannt und überhaupt geduldet zu werden.

Wir umgeben uns mit Zeichen, ob es um Handys, Anzüge oder Autos geht. Diese Zeichen vermag der andere zu deuten, wir hoffen, dass er auch unsere Seele erkennt. Und sind überrascht, wenn er das nicht vermag.

Es ist ein Spiel, das nirgendwohin führt. Frauen und Männer sollten sich darüber klar werden, wenn sie es spielen. Sicher bereiten Marken und Mode uns Vergnügen, das ist nicht das Problem. Das Problem ist die Pose der kühlen Unnahbarkeit, mit der man sich zur Schau stellt und die in Wahrheit nur die eigene Angst verbirgt.

Mit der Liebe ist es wie mit einem Omelett: Man kann kein Omelett essen, ohne Eier zu zerschlagen. Also, dann bitte kein Omelett mehr für mich, rufen einige Damen. Die anderen Frauen, die auf der Suche nach Liebe sind, sollten keine Angst haben, ein paar Eier zu zerschlagen. Sie sollten ihre Spielchen aufgeben. Und überlegen, was sie wirklich wollen.

Wünsch dir was

Wie muss der Mann sein, den Frauen wollen? Natürlich sind die Geschmäcker verschieden, und was der einen George Clooney ist, ist der anderen Tobey Maguire, Orlando Bloom oder Oliver Kahn. Bitte sehr, jede wie sie es mag. Aber neben dem bevorzugten Aussehen stehen noch einige andere Dinge auf dem Wunschzettel der Frauen. Die Frauenzeitschrift *Brigitte* fragte Deutschlands Frauen in einer repräsentativen Umfrage, was ihnen bei einem Mann jeweils wichtiger ist.

Die Ergebnisse, im Jahr 2004 veröffentlicht, sind aufschlussreich:

fleißig im Haushalt: 61 %
gut im Bett: 39 %

möchte Kinder: 66 %
offen für alle Lebensentwürfe: 34 %

überrascht mich: 74 %
ist berechenbar: 26 %

spricht über seine Gefühle: 76 %
ist beruflich erfolgreich: 24 %

kann mit mir lachen: 79 %
löst Probleme: 21 %

ist entschieden, selbstbewusst: 81 %
manchmal schüchtern: 19 %

gut angezogen: 88 %
Äußerliches ist ihm egal: 12 %

ist gebildet: 91 %
guter Körper: 9 %

So ein Wunschzettel, auf dem Frauen ankreuzen können, wie ein Mann sein soll, ist eine feine Sache. Was Frauen im wirklichen Leben von einem Mann erwarten, ist unter Umständen eine ganz andere Geschichte. Immerhin, fasst man das Ergebnis der Umfrage zusammen, kommt heraus: Die deutsche Frau begehrt einen im

Haushalt fleißigen, kinderlieben Mann, der über seine Gefühle spricht, gebildet ist, selbstbewusst, gut angezogen. Er soll mit seiner Liebsten lachen (über ihre Witze, über seine eigenen Witze, jedenfalls also Humor haben) und sie immer wieder überraschen – wie und womit auch immer.

Weil das nun schon eine ganze Menge ist an guten Eigenschaften, darf es in anderen Dingen ruhig ein bisschen weniger sein: Sex, ein guter Körper und Erfolg im Beruf sind den Frauen nicht so wichtig.

Soso. Interessant. Das beschriebene Anforderungsprofil des Wunschmannes erscheint plausibel, was das weibliche Desinteresse an gutem Sex, einem guten Körper und beruflichem Erfolg angeht, da haben wir allerdings so unsere Zweifel. Wir leben nicht in Zeiten, in denen ausschließlich innere Werte zählen, eine hübsche Verpackung soll schon auch sein. Und welche Frau will mit einem Mann ins Bett gehen, der sich als sexueller Pflegefall entpuppt? Männer ohne Job stehen nach unserer bescheidenen Erfahrung bei Frauen auch nicht gerade hoch im Kurs. Anderen Erhebungen zufolge arbeiten Frauen eine lange Liste ab, wenn sie einen Mann taxieren. Auf der Liste stehen: Zuverlässigkeit, Ehrlichkeit, Rücksichtnahme, Freundlichkeit, Kinderliebe, hoher sozialer Status, gutes Einkommen, Ehrgeiz und Karrierebewusstsein, gute Herkunft und stattliche Körpergröße.

Status und Verdienst sind für Frauen bei der Partnerwahl wichtiger als für Männer, fanden Evolutionsforscher heraus, die 10 047 Personen in verschiedenen Kulturkreisen befragt hatten.

Auch wenn Frauen beteuern, Status, Geld und Verdienst seien ihnen nicht so wichtig, die Realität sieht anders aus. Männer sollen erfolgreich sein im Beruf, was in Zeiten wachsender Arbeitslosigkeit für viele von ihnen nicht immer einfach ist. »Für die jungen Frauen ist es enorm wichtig, dass ich beruflich was darstelle und gut verdiene«, erklärt Christoph, 36, der eine Event-Agentur in Köln leitet. Es geht den Frauen um Geld, aber auch um Status und Ansehen. Keine Frau will einen Verlierer, einen, der im Beruf nichts auf die Reihe kriegt, seine Karriere nicht vorantreibt, sich von Kollegen übertrumpfen lässt. Im Beruf erfolglos zu sein ist fast gleichbedeutend mit: im Leben erfolglos sein. Berufliches Versagen wird als persönliches Versagen gesehen – da können die Zeitungen noch so viel schreiben von Konjunktur- und Jobkrise. Wer seinen Job verliert, ist selbst schuld – dieses Urteil haben die meisten Männer verinnerlicht, sie stellen an sich selbst hohe Ansprüche und leiden unter Arbeitslosigkeit und Jobverlust. Die Ansprüche junger Frauen findet Christoph trotzdem etwas seltsam – »wenn man sich ansieht, was die selbst so für Berufe haben. Besonders toll ist das häufig nicht. Es kommt mir vor, als würden diese Frauen sich aufgewertet fühlen durch einen erfolgreichen Mann. So, als würde sein Glanz auch auf sie abstrahlen.«

Im Umkehrschluss würde das bedeuten, dass sich diese Frauen durch einen weniger erfolgreichen Mann abgewertet fühlen, was nicht gerade für ein stabiles Selbstbewusstsein spricht.

Was steht sonst noch auf der Wunschliste der Frauen?

Ein Beau mit Langzeitwirkung

Da ist beispielsweise Isabelle, 29, Kunsthistorikerin, sie lebt in München. Eine zarte Schönheit mit Porzellanteint und großen Augen und sanfter Stimme. Sie stammt aus einer wohlhabenden Familie, spricht mehrere Sprachen und war bereits einmal verlobt. Ihr Verlobter lebte damals in einer anderen Stadt, Isabelle und er wollten heiraten, ohne einen Probelauf zu machen mit vorherigem Zusammenziehen.

Nach vier Jahren wurde Isabelle von ihrem Freund verlassen – ohne Angabe von Gründen, einfach so. Er heiratete kurz darauf eine Frau, die 17 Jahre jünger war als er und die er erst wenige Wochen kannte. Isabelles Rachefantasien liefen über Reifen durchstechen, Autos zerkratzen bis hin zu Hoden abschneiden. Inzwischen hat sie sich erholt von diesem Schlag.

»Aber es ist nicht einfach mit den Männern für uns junge Frauen«, erklärt sie. Isabelle ist oft eingeladen, verkehrt in wohlhabenden Kreisen und entscheidet mit einem Wimpernschlag: »Wer nicht top ist als Mann, kommt nicht in Frage.«

Wann ist ein Mann in ihren Augen top?

»Er muss groß sein, 1,88 Meter mindestens. Er muss aussehen wie Pierce Brosnan oder Rupert Everett, kantig, sportlich, gebildet. Er muss Kinder wollen.« Bisher: Fehlanzeige. Also arrangiert sich Isabelle mit halbherzigem, unverbindlichem Techtelmechtel, »um die Einsamkeit zu ertragen«.

Am liebsten wäre ihr, bekennt sie freimütig, ein konservativer Mann, der sie umwirbt, heiratet und das Kommando in der Ehe übernimmt. Klingt das nicht reichlich abgeklärt für eine junge, berufstätige Frau zu Beginn des 21. Jahrhunderts?

»Meine Generation ist anspruchsvoll und gleichzeitig unsicher«, glaubt Isabelle. »In den Köpfen frei, in Wahrheit jedoch alten Rollenbildern verhaftet. Ich glaube, dass das vielen Frauen so geht, dass sie es sich nur nicht eingestehen wollen.«

Mit den Liebesgeschichten des modernen Kinos kann sie wenig anfangen, am liebsten sieht sie sich alte Hollywood-Romanzen an, allen voran »Vom Winde verweht«. Die ungestüme, berechnende Scarlett gefällt ihr nicht so gut, Rhett Butler dafür umso besser. »Einer wie Clark Gable, wie der Scarlett die Treppe raufschleift, das wär's«, sagt sie träumerisch.

Rhett Butler, ein Beau mit Langzeitwirkung, der auch so schöne Sätze sagte wie: »Leute mit Charakter können auf einen guten Ruf verzichten.« Eine Behauptung, die Frauen sich merken sollten. Die Begeisterung für Clark Gable alias Rhett Butler ist also durchaus verständlich, nur sollte man vielleicht nicht erwarten, dass ein Kerl wie er den Tisch deckt, Kartoffeln schält oder die Treppe putzt.

Ein Mann ist kein Pudel

Wie Isabelle wünschen sich viele Frauen einen richtigen Mann, also einen Mann, der erfolgreich ist, Geld verdient, Ansehen hat, dem aber die Karriere nicht so wichtig ist, dass er sich nicht gleichzeitig um Ehefrau, Haus, Familie, Kinder und Hund kümmert und seine weiblichen Anteile entdeckt und pflegt.

Man kann nur warnen. Vielleicht können nicht alle Frauen sofort Ordnung in ihre widersprüchliche Frauenseele bringen, dafür hat jeder Verständnis. Auch darf jede Frau heute jede Menge sich widersprechender Wünsche haben, bitte sehr, nichts dagegen. Nur sollte sie nicht erwarten, dass all diese sich widersprechenden Wünsche erfüllt werden.

Einen Hund kann man darauf abrichten, dass er ein Stöckchen apportiert, wenn man es wirft, und sich punktgenau freut, sobald man nach Hause kommt, dass er uns mit der Schnauze anstupst, wenn wir traurig sind. Hunde sind großartig. Aber ein Mann ist kein Pudel.

»Vor einigen Jahren entdeckten amerikanische Stilmagazine eine neue Spezies, die sich seither ausbreitet wie die Grippe in einem gut geheizten Kindergarten«, schreibt die Journalistin und Modespezialistin Wäis Kinai in der *Süddeutschen Zeitung*. Die Spezies wurde »Just Gay Enough« getauft, später als »Metrosexual« bezeichnet und hat sich vermehrt – leider.

Die Metrosexuellen dürfen alles machen, was Frauen auch tun: Mascara tragen und Make-up, sich die Fingernägel lackieren, »Sex and the City« gucken, sich Fett absaugen lassen. »Bleibt nur die Frage: Was soll der Scheiß?«, lästert Volker Sievert im Hamburger Monatsmagazin *kulturnews*. »Wenn ich geschminkte Männer sehen will, gehe ich ins Theater.«

Aber der »Metrosexual« steht nicht auf der Bühne und deklamiert, sondern marschiert zu Karstadt in die Kosmetikabteilung und kauft Enthaarungscremes. Vielleicht ist er einfach ein Narziss, der zu viel »Mens-Health-Hefte« gelesen hat, mag sein. Jedenfalls arbeitet er unablässig an seiner äußeren Erscheinung und parliert außerdem über Einbauküchen und süße Nachspeisen.

Viele Frauen zeigen sich angetan. »Kauf dir mal 'ne Gesichtsmaske«, sagen sie leichthin zu ihrem Freund. Oder »Mach dir mal die Füße« – was bedeutet: Nimm eine Feile und entferne die Hornhaut an deinen Fersen. Der neue, beliebte Typus zeichnet sich durch modische und frisurentechnische Experimentierfreudigkeit aus, einer seiner prominentesten Vertreter ist der Fußballprofi David Beckham, der gern Zöpfchen trägt. Nicht alle Männer, die Beckham nacheifern, sehen dabei so gut aus. Und es geht auch nicht nur um die äußere Erscheinung. Der »Metrosexual« kommt bei Frauen gut an, weil er sanft ist und verständnisvoll. Er kennt sich mit Frauenbelangen gut aus – manchmal wird er als Softie, Warmduscher und Frauenversteher geschmäht, das macht ihm aber gar nix aus, weil er keine Berührungsängste mit seiner »inneren Frau« hat.

Ein Teil der Frauen will offenbar genau so einen Mann. Der Rest ist entsetzt.

Kann man Respekt haben vor einem Mann, der sich für seine Brusthaare, gerüschte Polyesterhemden, bunte Schuhe, Ziegenbärte und anderen modischen Firlefanz interessiert und seine »innere Frau« unentwegt entdeckt?

Kiani befindet streng: »Die neue frauenfreundliche Züchtung gefällt überhaupt nicht. Sie ist unerotisch, zweckentfremdet, riecht pudrig, lässt sich nicht ernst nehmen.«

Inzwischen haben viele Frauen, wie es ihre Art ist, ihre Meinung geändert und verlangen wieder nach einem richtigen Mann. Waren sie nicht schon immer anfällig für Machos, die getrieben von wütendem Selbstmitleid durchs Leben gehen, was Frauen auf eine wunde, verletzte Seele schließen lässt, die sie gern heilen würden, wenn man sie nur ließe? Von diesen Männern geht etwas Gequältes aus, aber auch eine aggressive Intensität, was sie sehr sexy macht. Frauen ahnen, dass solche Männer sich nicht mit einem Bausparvertrag und einem Reihenhaus zufrieden geben. Und dass sie bestimmte Faxen niemals mitmachen würden. So einer soll jetzt also wieder her. Nun ist der Weg zurück bekanntlich oft lang und mühselig, und er bedarf der Orientierung.

Auf der Suche nach richtigen Männern

Ob Macho oder nicht – Kiani empfiehlt Frauen umzudenken und sich die jeweiligen Herren, die ihnen gefallen, genau anzuschauen und zu prüfen, ob es sich um richtige Männer handelt. Wesentliche Kriterien eines männliches Mannes sind laut Kiani unter anderem:

»Er darf keinesfalls besitzen: Regenschirm, CD-Ständer, Keith-Haring-Sofa, Föhn, Porzellanhund als Klobürstenhalter, Schuhe, die aussehen wie Damenhandtaschen, bedruckte Langarm-T-Shirts, letzteres sind, wie auch Rülpsen, u. Ä. die Sache von 15-jährigen Schuljungen.«

Außerdem: »Er muss größere Füße haben als sie, mehr wiegen als sie und an Armen und Beinen behaarter sein als sie. Alles andere ist erniedrigend. Für beide.

Er muss Schmerzen aushalten können. Schnitt- und Brandwunden sind mit stiller Würde zu ertragen.

Er fragt niemals: ›Liebst du mich?‹ und niemals ›Was ist los mit dir?‹ Heult sie – natürlich grundlos –, schenkt er ihr etwas, obwohl Weihnachten schon vorbei ist.

Er jammert niemals bei seinem Chef herum. Regel: Männer, die beim Chef über ihre Kollegen jammern, jammern auch bei Mama über ihre Frauen.«

Wem diese Anhaltspunkte nicht genügen, sollte sich Kianis Buch »Stirb, Susi!« zulegen und außerdem an die Helden des Kinos denken. Marlon Brando, Robert de Niro, Al Pacino, Russell Crowe, George Clooney. Vorbilder entsprechend der oben genannten Stilvorgaben könnten auch etliche Westernhelden sein, die unerschrocken kurzen Prozess machen, wenn ihnen jemand dumm kommt, den ganzen Saustall ausmisten und dann in der Aura ihrer Einsamkeit neuen Heldentaten entgegenreiten. Es fallen einem so schöne Rebellen ein wie

Henry Fonda, Robert Redford, Paul Newman oder der allseits verehrte, wenn auch etwas gegerbte Schauspieler Clint Eastwood.

Frauen, die dessen Werdegang verfolgt haben, müssen ihn eigentlich großartig finden.

Sicher, früher war er stumm wie ein Stockfisch und trug einen Poncho. Bevor man sich daran freuen konnte, wie gut er aussah, hatte er einen schon erschossen. Als attraktiver Killer hatte Eastwood mit Frauen wenig am Hut und verdiente bald schon ein paar Dollar mehr.

Dann, er war 65, marschierte er mit einem Fotoapparat durchs Bild und sah aus, als habe er zu heiß gebadet. Der Film hieß »The Bridges of Madison County«, zu Deutsch: »Die Brücken am Fluss«, und Eastwood verliebte sich in Meryl Streep. Sie möchte mit ihm gehen, bleibt dann aber doch in ihrer mittelmäßigen Ehe sitzen, weil sie nicht anders kann.

Es ist ein Jammer, aber, man versteht es ja, sie hängt an ihrem Gatten und den Kindern.

Was bleibt, ist ihre große Sehnsucht nach dem Mann, der für einige Tage ihre große Liebe war – ein Film zum Heulen schön. Nicht die geringste Angst vor Gefühlen. Eastwood spielte die Hauptrolle und führte Regie.

Auf großes Gefühlskino haben sich immer schon etliche männliche Regisseure verstanden, damals und heute. Man denke nur an »Krieg und Frieden«, »Casablanca«, »Die Nacht vor der Hochzeit«, an »Pretty Woman«, »Notting Hill«, »Vier Hochzeiten und ein Todesfall«.

Das Alpha-Tier

Es sind tatsächlich häufig Männer, die imstande sind, Frauen von Liebe, Leidenschaft, von romantischen Gefühlen und von falsch verstandener Männlichkeit zu erzählen. Eastwood, der inzwischen häufiger Regie führt, ist einer davon. Und er sieht dabei gut aus. Ob man sich nun für den Senior Eastwood erwärmen kann oder nicht – die schnoddrig-witzige Stilanalyse von Wäis Kiani hat einen ernsten Kern. Der »Metrosexual« wird zunehmend zum Auslaufmodell, selbst wenn einige Männer weiterhin zur Maniküre gehen. Frauen mögen gepflegte Männer, sicher, ob sie es auf lange Sicht so toll finden, dass ein Mann seine weiblichen Seiten mit Hingabe kultiviert, von Enthaarungscremes schwärmt und über seine Wechseljahre jammert, ist eine andere Frage.

Erotisch angezogen sind viele Frauen von einem richtigen Alpha-Tier, einem ausgesprochen männlichen Mann, was eben auch bedeuten kann, dass er autoritär ist, dass er sich durchsetzen kann, sich nicht beirren lässt, im Rudel auch mal andere wegbeißt.

Vielleicht sieht er aus wie Clint Eastwood, vielleicht ist er wie Hugh Grant oder George Clooney. Die Wahrscheinlichkeit, dass er einfach ein ganz normaler Mann ohne Heiligenschein ist, ist allerdings größer. Jedenfalls rufen viele Frauen heute wieder – manche laut, mache leise – nach dem ganzen Kerl. Sie wollen keinen, der das Charisma einer Schnecke hat. Sie wollen einen, der seinen Mann steht. Der für sich einsteht. Die Verantwortung übernimmt. Der kein knitterfreies Selbstbewusstsein oder selbstgefällige Gemütsruhe vorzeigt, sondern auch mal zugibt, dass er nicht weiterweiß. Der weiß, wie man Probleme anpackt und sie löst, der aber auch zugibt, dass er manchmal Zweifel, Träume und Fragen hat. Der weiß, dass es für manches vielleicht nie eine Lösung geben wird. Der weiß, dass Liebe mehr ist als nur ein Wort.

Der sein eigenes Herz versteht.

Der will, dass seine Freundin ihres versteht.

So ein Mann allerdings wird womöglich auch einer sein, der sich nicht auf der Nase herumtanzen lässt. Der sich nicht gängeln und erziehen lässt, der nicht zulässt, dass sein so genanntes »besseres Selbst« – eine typische Frauenfantasie – sein eigenes, wahres Selbst begräbt.

Wäre ein solcher Mann nicht wunderbar – wären einem enthaarte Brust oder Hornhaut an den Füßen bei so einem nicht ganz egal? Ja, sagen die Frauen, so einer wäre tatsächlich wundervoll. Allerdings wäre da noch eine kleine Zugabe erwünscht, also ...

Wo das hinführt, ahnt man gleich. Frauen sind hartnäckig und wollen von ihren umfassenden Forderungen nicht lassen. Sie haben da einige Sollvorschriften im Kopf. Er soll viel und regelmäßig bei ihr zu Hause sein, er soll die Wände tapezieren und die Winterreifen aufziehen, er soll die Steuererklärung machen, er soll außerdem einfühlsam sein, den Kindern abends vorlesen, kochen, die Wohnung in Ordnung halten und das Bad putzen. Mit anderen Worten, er soll doch sein eigenes Selbst aufgeben, und sich ihrem Wunschbild annähern. Das kann nicht gut gehen. Und es geht ja auch nicht gut.

5. KAPITEL

Liebe – Drama – Wahnsinn oder Viele Wege führen ins Unglück

In den folgenden Kapiteln kommen wir nicht umhin, einige traurige, aber wahre Geschichten zu erzählen. Sie handeln von Frauen, die sich zielsicher ins Unglück manövriert haben und dort, verwirrt, manchmal vereinsamt und in gewisser Weise unbelehrbar, verharren. Sie behaupten, sie hätten keine Ahnung, was schief gelaufen sei. Diese Beispiele, zur Nachahmung nicht empfohlen, handeln von Frauen, die von sich behaupten, besonders gefühlvoll zu sein, innige Liebespartnerinnen, psychologisch beschlagen. Sie sind sicher, dass sie alles richtig machen. Wir wünschen ihnen alles Gute, aber sehr optimistisch sind wir nicht, was ihre Zukunftsaussichten in Sachen Liebe angeht.

Felizitas, 35, ist eine Frau, die von vielen beneidet wird. Sie ist groß, blond und elegant, sie trägt edle Designergarderobe und teure Schuhe. Wenn Felizitas einen Raum betritt, erregt sie Aufsehen, das weiß sie und genießt es. Sie ist mit Hans verheiratet, einem sehr gut verdienenden Mann, gemeinsam bewohnen die beiden eine 200 Quadratmeter große Wohnung in einem Berliner Villenviertel. Hans ist Unternehmensberater und viel unterwegs, Felizitas hat ihre Arbeit als Rechtsanwältin aufgegeben, als der gemeinsame Sohn Tom geboren wurde.

Und mit der Geburt von Tom begann sich etwas im Denken und Fühlen von Felizitas zu verändern. Sie hatte plötzlich Angst, keine gute Mutter zu sein – sie sorgte sich unentwegt. Würde sie lang genug stillen können, würde sie ihm genügend Urvertrauen vermitteln, ihn genügend fördern, Krankheiten früh genug erkennen und richtig behandeln – sie stand unter dem enormen Druck, alles richtig zu machen.

Felizitas war immer eine wache, lebendige Frau, sie interessierte sich für Gesellschaftspolitik, für Literatur, sie ging zu Vorträgen, ins Theater oder ins Kino. Baby Tom reduzierte all diese Unternehmungen erheblich, obwohl natürlich Geld genug für einen Babysitter da gewesen wäre.

»Ich habe doch meinen Sohn nicht bekommen, um ihn dauernd allein zu lassen«, erklärte Felizitas, wenn sie wieder einmal absagte. Sie erhielt von ihrer Kanzlei das Angebot, halbtags zu arbeiten und suchte sich für Tom einen Kindergartenplatz.

Zu ihrer eigenen Überraschung fand sie einen Ganztagsplatz in einem Kindergarten, in dem Tom bis nachmittags um vier betreut wird. Einige ihrer Freundinnen, die ebenfalls Mütter waren, zogen die Augenbrauen hoch und kritisierten sie als Rabenmutter.

Felizitas beschloss, an der Universität philosophische Vorlesungen zu besuchen und die ihr angebotene Teilzeitarbeit nicht anzunehmen. Dadurch hätte sie die

Möglichkeit, Tom auch mal früher vom Kindergarten abzuholen, wenn er wollte.

Es zeigte sich, dass Tom sich ganz wohl fühlte und nicht begeistert war, wenn seine Mutter ihn schon um 14 Uhr statt erst um 16 Uhr abholen kam. Felizitas sorgte sich weiter um die seelische Gesundheit und das Wohlergehen ihres Kindes – sie wollte gut sein als Mutter und fühlte sich die meiste Zeit schlecht. Schließlich begann sie damit, die Wohnung umzudekorieren.

Wer Felizitas in den darauf folgenden zwei Jahren regelmäßig sah bei verschiedenen Treffen mit Freunden, erlebte eine bemerkenswerte Veränderung. Sie wurde zusehends nachlässig mit ihrer Garderobe, während sie davon berichtete, wie sehr sie darunter litt, dass ihr Mann so viel verreist sei. Er würde seine Vaterpflichten vernachlässigen, fand sie, er würde sie vernachlässigen und den gemeinsamen Freundeskreis. Sie äußerte den Verdacht, er betrüge sie. Sie erklärte, sie sei froh, dass sie nicht mehr arbeiten müsse, die Juristerei würde sie anöden, sie dachte darüber nach, einen Deko-Laden aufzumachen. Sie hatte bereits vier Mal die Wohnung umdekoriert, zur Begeisterung ihrer Freundinnen. Die Begeisterung von Hans, ihrem Mann, hielt sich in Grenzen.

Die Streitigkeiten zwischen beiden nahmen zu. Felizitas beklagte sich weiter, Hans sei zu wenig zu Hause, sie unterstellte, er treffe sich mit einer anderen Frau, je mehr sie sich auf diesen Gedanken konzentrierte, desto mehr Gefahren witterte sie überall, sie wurde zusehends misstrauisch und eifersüchtig. Ihre beste Freundin Beatrix fand, Felizitas verändere sich mehr und mehr, fange an, ihren Ehemann zu kontrollieren und zu manipulieren, und das sagte sie ihr auch: »Du klagst immerzu über deinen selbstgerechten Mann, dass er zu viel arbeitet, dass er zu wenig bei dir ist. Du gibst euer Geld aus und bist auf diese Vorwürfe fixiert und wirkst dabei ziemlich selbstgerecht.«

Es gab eine gewaltige Auseinandersetzung, und Felizitas kündigte Beatrix schließlich die Freundschaft, bis heute reden die beiden kein Wort miteinander.

Die Beziehung zwischen Felizitas und Hans entwickelte sich weiter zum Schlechteren. Hans fand, seine Frau sei emotional viel zu sehr auf Tom fixiert und nicht ausgelastet – schließlich sei das Kind den ganzen Tag im Kindergarten gut aufgehoben, und die Arbeit im Haushalt hielte sich mit einer Putzfrau, die regelmäßig kam, in Grenzen. Er fand, seine Frau verschwende zu viel Geld und Mühe mit der dauernden Umgestaltung der Wohnung, an der sie sich letztlich nie lange erfreue, er beklagte ihre allgemeine Interesselosigkeit. »Sie langweilt sich, und sie wird immer deprimierter«, sagte er zu Freunden. Bei Streitereien blieb er kühl und sachlich, was sie als weiteres Zeichen seines Desinteresses nahm.

Schließlich willigte Felizitas ein, zu einem Psychologen zu gehen, wo sie sich aber nicht wohl fühlte. Sie warf ihrem Mann vor, sie nicht genügend zu unterstützen. Würde er sie besser verstehen, hätte sie psychologischen Beistand nicht nötig. Wenn er mehr zu Hause wäre, würde es ihr besser gehen.

Freundinnen, die nicht berufstätig waren, bestärkten Felizitas in ihren Anklagen, andere sagten ihr klipp und klar, dass sie sich gehen ließe und sie sich endlich eine Aufgabe suchen sollte. Wenn auch die Kommentare unterschiedlich ausfielen – so reagierten die meisten Freunde doch befremdet auf die Nörgelei an Hans.

Er verdiente das Geld für die Familie, er bemühte sich um das Wohlergehen seiner Frau, wenn auch nicht sehr erfolgreich, er kümmerte sich um seinen Sohn – wenn auch weniger hysterisch besorgt als Felizitas. Inzwischen haben sich einige Freunde und Freundinnen von Felizitas zurückgezogen, sie sei »zu negativ und destruktiv«, sagen sie, sie würde sich »in ihrem eingebildeten Leid geradezu suhlen«. Der letzte traurige Stand der Dinge ist, dass Wetten abgeschlossen werden, wann sich Hans wirklich eine Geliebte nimmt, zu Hause auszieht oder beides.

Untergang der Romantik

Diese Szenen einer Ehe erinnern an den Film »Seite an Seite« mit Bruce Willis und Michelle Pfeiffer. »Die Ehe ist der Untergang der Romantik«, sagt Michelle Pfeiffers Freundin, und tatsächlich dauert es nicht mehr lang, bis die schöne Michelle an ihrem Mann herumnörgelt: Er ist ungenügend, in allem was er tut, sie fühlt sich allein gelassen, unverstanden, nicht mehr gesehen. Der Zuschauer hat mehr und mehr den Eindruck, dass ihre Erwartungen ihm gegenüber immer kindlicher werden. Dass der Ehemann alias Bruce Willis mit einer Freundin über seine Ehe spricht, empfindet sie schon als Verrat.

»Sie hat mir zugehört, was du ja nicht mehr tust«, schreit er. Es ist ein moderner, intelligenter, psychologischer Film, der schon deshalb kein Kassenschlager werden konnte, weil er zu realistisch ist.

Wie bemerkte der italienische Publizist Guido Ceronetti so treffend: »Nach Abschaffung der Gladiatorenkämpfe richteten die Christen das Eheleben ein.«

Zurück zu Felizitas. Frauen wie sie haben Mitgefühl verdient – gutheißen können wir ihr Verhalten jedoch nicht.

Sie stehen unter einem immensen inneren Druck, ihr Mutterglück wird für sie zum Stress, ohne dass sie das wahrhaben wollen. Der Beruf als Quelle von Anerkennung und Befriedigung wird plötzlich gering geschätzt, der innere Druck lässt jedoch nicht nach, und Frauen wie Felizitas beginnen, sich hilflos zu fühlen und fordern Unterstützung von ihrem Partner.

Männer reagieren, wie Hans, häufig mit ganz vernünftigen Vorschlägen, wehren sich allerdings auch gegen die Nörgelei und die Vorwürfe. Frauen wie Felizitas übernehmen keinerlei Verantwortung für ihre Situation. Sie wollen sich nicht ändern, sondern erwarten, dass ihr Partner sich oder die Situation ändert.

Dass er sich ihnen anpasst, bestimmte Dinge endlich zu tun, weil sie sich das wünscht, oder bestimmte Dinge unterlässt, weil sie sich das wünscht. Frauen wie Felizitas würden ihr Verhalten gar nicht als besonders fordernd beschreiben, sondern davon ausgehen, dass, wer liebt, auch das Recht auf Forderungen hat. So denken viele Frauen und fangen an, das Leben ihrer Partner zu manipulieren, weil sie es steuern wollen, mehr als ihr eigenes. Aber das Leben eines anderen lässt sich nicht steuern. Je mehr wir es versuchen, desto mehr Widerstand wird der andere uns entgegensetzen. Und er hat ja Recht – es ist nicht gerade ein Ausdruck von Liebe, am anderen dauernd herumzukritteln. Viele Frauen fühlen sich im Recht – dabei ist dieses Recht-haben-wollen fester Bestandteil des Problems. Wer glaubt, Recht zu haben, fühlt sich dem anderen überlegen. Und wird schnell dogmatisch. Mit Routinegejammer sitzen die Frauen ihren Männern im Nacken. Wenn Frauen ihr Einfühlungsvermögen auch auf den Partner richten und den Schmerz des Mannes fühlen würden, wäre sicher manches anders. Die Frage ist: Sind Frauen dazu bereit?

»Ich glaube, viele Frauen haben keine Ahnung, mit was für Gefühlen wir Männer uns rumschlagen«, sagt Rainer, 38, Architekt. Er ist verheiratet und hat zwei Kinder. Wenn es mal gerade bei ihm im Job nicht so läuft, weil sich die Auftragslage schleppend entwickelt, gerät er unter Druck, manchmal hat er regelrechte Existenzangst. Er spricht mit seiner Frau darüber, bemerkt dann aber, wie er sagt, dass sie schnell ungeduldig wird. So als ärgere sie die Tatsache, dass er sich Sorgen macht. Rainer hat den Eindruck, dass sie nicht nachvollziehen kann, was es bedeutet, finanziell für das Leben von vier Personen verantwortlich zu sein. »Ich glaube, dass Mütter mit Kindern sich von dieser Arbeitsrealität der Männer total abkapseln. Die Kohle hat einfach da zu sein, und ich als Mann habe zu funktionieren.«

Auf seinen Vorschlag, ein Haushaltsbuch anzulegen, reagierte seine Frau empört, dabei wollte Rainer, wie er sagt, »einfach nur mal nachvollziehen, wo das Geld bleibt«.

Noch etwas hat sich verändert, seit seine Frau nicht mehr berufstätig ist. Für Rainer ist das gemeinsame Zuhause ein Ort der Entspannung, seine Frau sieht es seit der Geburt der Kinder als ihren Arbeitsplatz. Und den, so Rainer, wolle sie perfekt haben. Während ihm Unordnung wenig ausmacht, ist ihr sehr wichtig, dass immer alles tipptopp sei. »Darüber gibt es ständig Streit, leider.«

Und bei diesen Streitereien hat Rainer den Eindruck, dass sich seine Frau wenig für seine Sicht der Dinge interessiert.

Experimente im Liebeslabor

Bevor wir uns weiteren Paaren zuwenden, hier einige Erkenntnisse aus der Liebesforschung. In der amerikanischen Stadt Seattle hat der Psychologieprofessor John Gottman eine Art Liebeslabor eingerichtet, in dem sich Paare rund um die Uhr beobachten lassen – außer im Bad und im Bett. Es sind Paare, die aus der ganzen Welt angereist kommen, um etwas über ihre Beziehung zu erfahren, eine Prognose zu hören, positiv oder negativ. Werden wir es schaffen? Haben wir noch eine Chance?

Es sind oft Paare, die sich früher einmal sehr geliebt haben, jetzt aber in einer tiefen Krise stecken. John Gottman und seine Truppe sollen diesen Paaren helfen.

Deshalb lassen sie sich im Liebeslabor beobachten. An ihrer Kleidung sind Mikrofone und Sensoren angebracht, die Herzschlag und Blutdruck kontrollieren, an den Wänden sind Videokameras befestigt.

Gottman und seine Kollegen beobachten das Streitverhalten der Paare, ihre Mimik, ihre Körpersprachen, messen jedes Ansteigen der Herzfrequenz und des Blutdrucks, somit wird Stress oder Entspannung dokumentiert. Gottman gilt als einer der renommiertesten Beziehungsforscher der Welt, er untersucht seit 20 Jahren Paare in seinem Labor und kann angeblich mit einer Wahrscheinlichkeit von über 90 Prozent voraussagen, ob ein Paar zusammenbleibt oder nicht – er muss sich dazu nur rund fünf Minuten deren Streitverhalten ansehen.

Gottman interpretiert das Mienenspiel der Paare, in dem sich Gefühle wie Wut, Ekel, Verachtung, Trauer, Angst und Abwehr zeigen, aber auch Freude, Zuwendung, Interesse. Ob ein verächtliches Zucken um den Mundwinkel, ein hämisches Wort, harsche Kritik, ein Hochziehen der Brauen – alles wird registriert, und gleichzeitig wird dokumentiert, wie Blutdruck und Herzschlag steigen.

Die vier apokalyptischen Reiter

Während eines heftigen Streits wird das emotionale Gehirn in Aufruhr versetzt, und die Fähigkeit, vernünftig nachzudenken, geht verloren. Die »affektive Überflutung«, wie Gottman das bezeichnet, bringt mit sich, dass Männer wie Frauen von Emotionen regelrecht überschwemmt werden, nicht mehr nach Einigung und Lösungen suchen, sondern nur noch zwischen Angriff und Verteidigung hin- und heragieren.

Gottman hat in Auseinandersetzungen besonders verheerende Verhaltensweisen ausgemacht, er nennt sie die »vier apokalyptischen Reiter«. Wenn sie am Horizont auftauchen, ist die Beziehung laut Gottman kaum noch zu retten. Sie sind die Todsünden in einer Beziehung, sie setzen eine Eskalation in Gang, die Kommunikation gerät außer Kontrolle.

Der erste apokalyptische Reiter ist die Kritik. Statt zu fragen: »Wieso hast du den Tisch nicht gedeckt?« heißt es: »Warum musst du immer alles vergessen? Ich kann es dir noch so oft sagen, du hörst einfach nicht hin, schlamperst halt so rum, wie es dir gerade passt.«

Verachtung ist der zweite Reiter, er kann als Zynismus oder Sarkasmus oder als vermeintlich harmlose Bemerkung daherkommen, die den anderen lächerlich macht. Spott, Verhöhnung und Entwertung gehören dazu, sie sind weitaus schlimmer als Wut.

Verachtung zeigt sich nicht nur in verletzenden Worten wie etwa: »Mein Gott, was bist du doch für ein

Idiot!«, sie zeigt sich auch deutlich in der Mimik. Ein Kopfschütteln oder das Herunterziehen der Mundwinkel erreicht den anderen unmittelbar, trifft ihn tief und macht eine Verständigung so gut wie unmöglich.

Die Reiter drei und vier sind Gegenangriff und totaler Rückzug. Gegenangriff kann häufig mit harten Rechtfertigungen einhergehen, die weniger Einsicht offenbaren, sondern die Konflikte eher verschärfen, es kann auch zu körperlicher Gewalt kommen.

Rückzug schließlich signalisiert dem anderen deutliches Desinteresse, man vermeidet Blickkontakt, gibt keine Antwort mehr, steht auf, während der andere etwas sagt. Das ist meist das Ende der Geschichte. Man hat sich innerlich verabschiedet, der andere ist für einen erledigt, sich mit ihm zu beschäftigen, lohnt nicht mehr. Dabei müssen nicht unbedingt die Tassen fliegen, eine Liebe kann auch leise abhanden kommen.

Paartherapeuten beobachten bei Streitereien subtile Gemeinheiten, mit denen man den anderen fertig machen kann. Manchmal, erklärte der Schweizer Paartherapeut Jürg Willi in einem Interview mit dem Berliner *Tagesspiegel*, kommen solche Sätze im Gespräch eher harmlos daher. »Ich will dir ja nur helfen«, heißt es oder »Aber ich liebe dich doch sehr«. Man tue so, sagt Willi, als sei man sehr edel und setze den anderen damit in eine Schuldposition. »Ich will dir nur helfen, und du reagierst so aggressiv«, schon dreht sich die Schuldspirale. Diese Technik sei, so Willi, »vielleicht eher frauentypisch«. Männer ziehen sich nach seiner Erfahrung eher zurück und verschließen sich. Von ihnen hört Willi häufig den Satz: »Ich kann es ihr eh nicht recht machen, da sage ich lieber gar nichts mehr.«

Willi fühlt sich an einen Boxkampf erinnert, bei dem jemand viel einsteckt, immer wieder kommt ein neuer Schlag. Das habe durchaus etwas Heldenhaftes, Ritterliches, man gehe nicht in die Knie, halte einsam durch. »Viele Männer gefallen sich in dieser Rolle«, vermutet Jürg Willi.

Das Verhalten der Männer können wir nicht steuern. Aber jede Frau kann an sich selbst überprüfen, wie sie streitet, welche Rolle sie für sich wählt, welche der apokalyptischen Reiter sie in ihrer Beziehung besonders häufig aufgaloppieren lässt. Sie sollte ehrlich sein mit ihrer Bestandsaufnahme. Wer ernsthaft um verbesserte Kommunikation in der Beziehung ringt, sollte die vier apokalyptischen Reiter allesamt in die Verbannung schicken.

Das geht nicht? Das ist zu schwer? Das können Sie nicht?

Beschließen Sie es einfach, halten Sie sich dran – und damit basta.

Die Liebe ist eine Baustelle

Streit und Konflikte sind unvermeidlich, so Gottman. Zwischen Paaren, die sich wenig oder überhaupt nicht streiten, herrscht nicht etwa besonders viel Harmonie und Intimität, sondern eher emotionale Distanz. Viele glücklich verheiratete Paare streiten gelegentlich heftig miteinander. Sie lachen allerdings auch viel miteinander und necken sich gegenseitig.

»Sex verliert nach einiger Zeit an Reiz, und Schönheit verblüht. Aber mit einem Mann verheiratet zu sein, der einen jeden Tag zum Lachen bringt, das ist eine echte Freude«, sagt die Schauspielerin Joanne Woodward, die mit Paul Newman verheiratet ist.

Jeder Mensch, davon ist John Gottman überzeugt, führt ein Beziehungskonto in seinem Unterbewusstsein und rechnet sich immer wieder das Kosten-Nutzen-Verhältnis der Beziehung aus. Jeder hat eine eigene Art zu rechnen: Einer vergleicht etwa seine Beziehung mit einer früheren Verbindung, schaut sich an, ob er genügend erhält, denkt über die eigene Attraktivität nach und die jeweiligen Chancen auf dem Beziehungsmarkt, spielt also immer wieder auch Trennungsszenarien durch.

Was bringt mir die Verbindung? Wie hoch ist mein Marktwert bei anderen? Würde ich bei einem anderen Partner vielleicht weniger investieren müssen und mehr bekommen?

Hat jemand dauerhaft den Eindruck, zu kurz zu kommen in seiner Verbindung, mehr zu bezahlen, als er bekommt, zapft er entweder andere Einnahmequellen an – sprich, beginnt eine Affäre – und/oder erklärt die eigene Beziehung für bankrott.

Gottman hat eine Glücksformel entwickelt, die er für anwendbar hält auf jede gute Beziehung. Die Währung für das Beziehungskonto, das jeder führt, heißt »Zuwendung«, zeigt sich auf viele verschiedene Arten und muss regelmäßig aufs Konto gezahlt werden und zwar, behauptet Gottman, großzügig und reichlich.

Wer den Partner geärgert, gekränkt oder beleidigt hat,

glaubt, mit einer knappen Entschuldigung oder einem freundlichen Wort sei es getan.

Das reicht aber nicht aus, sagt Gottman. »Die magische Schwelle liegt bei einem Verhältnis von fünf zu eins«, sagt der Forscher. Jeder kritischen Situation im Gespräch müssten mindestens fünf Mal so viele positive Reaktionen gegenüberstehen.

Die »Gottman-Konstante«, wie er es nennt, besteht aus fünf Freundlichkeiten oder Aufmerksamkeiten, damit der Gekränkte verzeiht und die Sache als erledigt betrachtet.

Gottman, ganz der Marktwirtschaft verhaftet, bezeichnet sein Modell als Dow-Jones-Index für den Zustand einer Ehe. Je mehr sich die Partner schätzten und achteten, desto höher der Börsenwert. Gottman hält nichts von der These, dass Frauen und Männer ganz und gar verschieden seien, vom Mars und von der Venus kämen. Er hat in seinen Untersuchungen nachgewiesen, dass Frauen und Männer in einer Partnerschaft dasselbe suchen, nämlich in erster Linie aufrichtige Freundschaft.

Ein Lernprogramm für die Liebe

Richtiges Kommunikationsverhalten kann man in einem entsprechenden Training lernen. »Ein Partnerschaftliches Lernprogramm« heißt es, kurz EPL, und wird häufig von Kirchengemeinden und städtischen Beratungsstellen angeboten, nicht selten als Vorbereitungskurs für die Ehe. Wir halten das für ein ausgezeichnetes

Angebot – das Geld, das solch ein Kurs kostet, macht sich bestimmt bezahlt. Es ist seltsam, dass die Nachfrage nach diesen Kursen nicht sehr viel größer ist. Zu teuer, erklärte man uns. Der Lehrgang, der die eigene Ehetüchtigkeit steigern soll, kostet rund 100 Euro. Eine bescheidene Summe, wenn man bedenkt, wie viel Zeit, Geld und Energie die meisten Paare auf ihren Hochzeitstag verwenden.

EPL wird von eigens ausgebildeten Trainern durchgeführt und basiert auf den Grundlagen der Verhaltenstherapie. In einer Art Intensivkurs, meist über zwei Tage, eignen sich die Paare ein neues Gesprächs- und Streitverhalten an, gehen dann nach Hause und üben die neuen Techniken miteinander. Nach einigen Wochen folgt ein weiterer Kurs, in dem die Paare ihre Erfahrungen und Schwierigkeiten schildern und die Trainer entsprechend auf sie eingehen. Nach diesem Feinschliff im Streit- und Kommunikationsverhalten sind die Paare gut gerüstet für die Tücken des Alltags und für die Untiefen der eigenen Psyche: Die Lernprogramme verhindern nachweislich Scheidungen, führen zu einer höheren Geburtenrate bei den trainierten Paaren und verbessern langfristig die Qualität der Verbindung. Natürlich kann man ein solches Training jederzeit absolvieren – es muss nicht vor der Hochzeit sein, es kann auch während einer Krise, in der ein Paar heillos feststeckt, helfen.

Distanz und Nähe

Richtig streiten will gelernt sein. Einer Liebe aber drohen noch andere Gefahren – nämlich zu viel Nähe. Frauen wollen immerzu Nähe. Ist der Mann distanziert, stellen sie Nähe her. Rückt der Mann ein bisschen ab, weil ihm das zu viel wird, rücken sie ihm erneut auf die Pelle. Romantisch wie sie nun mal sind und froh, endlich einen liebenden Menschen gefunden zu haben, ersehnen Frauen die innige Verschmelzung mit dem Liebsten, die völlige Konzentration auf ihn. Frauen beklagen zwar wortreich die Andersartigkeit der Männer, in ihren Beziehungen jedoch hängen die meisten von ihnen doch einer Illusion von Gleichheit und totaler Übereinstimmung nach. Sie denken womöglich: Wenn ich auf so engagierte Art die Beziehung gestalte und mit Leben fülle, dann muss der Mann das doch in gleicher Weise erwidern. Sie klammern sich an ihn und gieren nach Zeichen von Nähe und Zuwendung. Leider ist das vollkommen verkehrt und hat fatale Auswirkungen auf die Verbindung. Zwei sind sich nie genug.

Theoretisch weiß man das, in der Praxis sieht es aber anders aus. Da gibt es jede Menge Paare, die sich isolieren und aufeinander hängen und Dritte ausschließen. Sie klammern sich aneinander wie zwei Ertrinkende im Meer.

»Beim Versuch, sich selber über Wasser zu halten, zieht zwangsläufig mal der eine, mal der andere den Partner hinunter, so dass der keine Luft bekommt und zu ersticken droht«, erklärt die Züricher Paartherapeutin Rosmarie Welter-Enderlin.

Sie hält eine symbiotische Beziehung, die auf Romantik basiere, für immens krisenanfällig. »Der Mensch braucht beides, Bindung und Eigenständigkeit, sonst schneidet man sich ein Stück von seiner Seele weg. Da sagen Männer oft: Ich lasse mich doch nicht an die Kette legen. Und viele Frauen meinen, die Geborgenheit in der Beziehung sei ihr Lebenselexier, dafür opfern sie dann ihre Individualität.«

Welter-Enderlin glaubt, dass symbiotische Beziehungen zunehmen, weil sich immer mehr Menschen als ohnmächtig erfahren in einer kalten Außenwelt und deshalb ihre Innenwelt umso mehr »anheizen« möchten.

Grundsätzlich sind es die unsicheren und ängstlichen Naturen, die sich eine symbiotische Liebe wünschen, auch die Erziehung spielt eine Rolle. Wir erleben die Mutter-Kind-Symbiose als etwas Natürliches, doch diese Symbiose muss sich nach und nach auflösen. Selbst das Baby, so Welter-Enderlin, kann schon entscheiden, wie viel Nähe es möchte, es wendet sich ab, wenn es seine Ruhe haben will.

»Wenn dann Eltern den Kontakt weiter erzwingen, weil sie den vorübergehenden Verlust von Symbiose nicht ertragen, fühlt das Kind sich ständig gepackt und gefordert.« Gelingt die langsame Auflösung der Symbiose nicht, entwickelt das Kind wenig Selbstwertgefühl. »Es wird diesen angstvollen Blick nicht los: Lächelt die Mutter? Hört mir der Vater zu? Bin ich okay? Das schwächt seine Lebenskraft.«

Zu viel Geborgenheit, zärtliche Zuwendung und Fürsorge ohne die gleichzeitige Forderung und Förderung von Eigenständigkeit macht es heutzutage gerade jungen Menschen schwer, ihren eigenen Weg zu gehen und sich zu behaupten in einer Welt, wo niemand auf sie wartet und ihnen unentwegt Hilfe anbietet.

Wechselseitige Unterstützung und Autonomie ist nach den Erfahrungen von Welter-Enderlin das Beste, was ein Paar erreichen kann: »Man darf sich fallen lassen, aber man muss wissen: Ich bin auch jemand ohne dich.«

Alles oder nichts

Vielen modernen Beziehungsneurotikern und besonders Frauen fällt genau das schwer. Es sind meist die Frauen, die einen Fahrplan für die Beziehung entwerfen, und zwar allein. Mit diesem fertigen Entwurf kommen sie auf ihre Partner zu. Kleine Änderungswünsche und Verweigerungen erleben sie als große Kränkung. Analytiker wie Schmidbauer deuten dieses Verhalten psychodynamisch so: Die weibliche Urerfahrung, dass die Tochter der Mutter gleicht, steigert die Bereitschaft der Frau, auch den späteren männlichen Partner als Spiegelbild zu erleben, sie kennt es ja nicht anders und wiederholt unbewusst die ehemals erlebte Symbiose mit der Mutter.

»Ich beobachte in der Therapie«, so Schmidbauer, »wie Frauen Männer regelrecht ›verähnlichen‹, sie führen die Beziehung entsprechend nicht realitätsorientiert, sondern wie eine Mutter, die die Zurückweisung und Trotzreaktion des Mannes geduldig überbrückt.« Wenn Frauen die Illusionen einer symbiotischen Verschmelzung um jeden Preis aufrechterhalten wollen, entwerten sie reale Partner und das, was diese anbieten: diese Frauen glauben, ein Recht auf »viel, viel mehr zu haben«. Die Ganzheitsillusion führt zu der fatalen Haltung »Alles oder Nichts«.

Es geht nicht nur um ein individuelles Versagen, sondern auch um historische Veränderungen: Frauen träumen von Symbiose und Verschmelzung, weil die Liebe heute zur zentralen Illusion geworden ist. Der Gestaltungsspielraum moderner Beziehungsmenschen hat sich enorm erweitert. Paare müssen heute aushandeln, wie sie ihre Zweierbeziehung gestalten wollen, sie haben mehr Wahlmöglichkeiten als früher, aber auch sehr viel mehr Entscheidungszwänge. Viele Menschen haben nicht gelernt, sich konstruktiv zu streiten, sich abzugrenzen, eigenständig zu bleiben. Sie neigen eher dazu, wütend das Feld zu räumen oder sich beleidigt und trotzig zurückzuziehen. Oder sie werden von Verlustängsten geplagt, nur weil der andere weiter seine Hobbys pflegt, seinen eigenen Freundeskreis behalten will, sich nicht dauern gängeln lässt.

Wer genau hinsieht, sagt Schmidbauer, bemerke, dass es der »Zusammenzwang« ist, der die Partner am Leben hindere. »Man könnte sagen: Streit entsteht, wo es am Auseinanderleben fehlt. Die Partner sind sich viel zu nahe, sie verlangen totale Anpassung, die Symbiose, das Opfer der Persönlichkeit im Namen der Liebe. Sie sind wie zwei Bäume, die zu dicht nebeneinander stehen: In dem Raum zwischen ihnen kann nichts gedeihen.«

Nach unserem Eindruck sind es oft die Frauen, die mehr Nähe, mehr Harmonie wollen und sie auch fordern. Frauen mit kleinen Kindern, die nicht ertragen können, dass ihr Mann nach der Arbeit noch zwei Stunden zum Sport geht mit seinem besten Freund und danach in die Sauna – sie erwarten, dass er direkt nach Hause kommt und auf sein Vergnügen verzichtet. Schließlich, so ihre Logik, seien sie ja durch die kleinen Kinder auch ans Haus gebunden. Warum ihm also etwas gönnen, was man sich selbst versagen muss?

Umgekehrt gibt es auch Männer, die nicht gönnen können, die klammern, schnell eifersüchtig werden, ihre Unselbstständigkeit pflegen. Und weil sich die Beteiligten so ähnlich sind, konstatieren Therapeuten, sehen sich alle irritierenderweise konfrontiert mit ihresgleichen – es herrscht eine kollektive kindliche Unfähigkeit zu tiefen emotionalen Bindungen, zu persönlicher Verantwortung. Und wenn die Liebe auf der Strecke bleibt, heißt es eben etwas hilflos und nichts sagend: »Wir haben uns eben auseinander gelebt« oder »Wir haben uns nichts mehr zu sagen«.

Schwere Zeiten für die Liebe

In der modernen Kommunikationsgesellschaft sind alle jederzeit auf Empfang gestellt, gleichzeitig bringt diese allseits vernetzte Gemeinschaft zunehmend gesprächsunfähige Menschen hervor. »Alles wird auf versteckte

Vorwürfe hin abgeklopft«, sagt die Studentin Michelle über ihren Freundeskreis in Berlin. »Wir sind misstrauisch und unsicher. Selbst wenn wir übers Wetter reden, überlegt jeder für sich: Will der mich jetzt blöd anmachen?«

Während viele Paare restlos überfordert sind, sich heillos zerstreiten und einander schließlich verbittert verlassen, herrscht bei anderen eine Art Optimierungswahn mit strengen Geboten: Man arbeitet verbissen an der Beziehung, und der Partner soll das gefälligst auch tun. Orientierung bieten dabei scheinbar auch die Medien – ob Beziehungsclinch wie in der Langzeitserie »Gute Zeiten, schlechte Zeiten« oder im Kino dargebotene Gefühlsstürme wie in »Notting Hill« – diese Darbietungen wirken zurück auf den Stil der eigenen Liebesbeziehung. Man beginnt damit, sein Beziehungsverhalten zu inszenieren, der Kontakt mit dem Geliebten gerät zum Auftritt. Die Menschen bleiben heute in prä- oder postpubertärem Verhalten stecken, klagen Gesellschaftskritiker, eine fortschreitende Infantilisierung greife um sich mit kindischem halberwachsenem Betragen. Wenn man sich umschaut, sieht man Menschen zwischen 25 und 45, die sich offenbar gerade in der Phase der Adoleszenz befinden, prä, post oder mittendrin. Viele Jugendliche verspüren keinen besonderen Drang, erwachsen zu werden, wenn sie sich die Erwachsenen so anschauen, die alle jung, hipp und fit sein wollen und ihre Jugend am liebsten bis an die Grenze zum Vorruhestand verlängern würden.

Wenn alle jung sein wollen, ist es keiner mehr. Zehnjährige knacken Computersysteme, vitale Frührentner sitzen mit Nike-Turnschuhen bei McDonald's und essen das, was ihre Enkel auch essen. Der Heidelberger Ethnologe Hans-Peter Duerr ist davon überzeugt, »dass keine Gesellschaft so viel unglückliches Erleben hervorbringt wie die heutige und gleichzeitig einen narzisstischen Persönlichkeitstypus schafft, der im tiefsten Innern äußerst unglücklich ist«.

Narzissten nehmen die Welt überwiegend als Spiegelung des eigenen Selbst wahr, sie meiden die konfliktreiche Auseinandersetzung mit der komplexen Wirklichkeit und flüchten in diffuse Ängste oder Allmachtsfantasien. Sie verlieren sich im Tempo wechselnder Reize und sind rastlos auf der Suche nach Anerkennung und Bewunderung. Diese kollektive kindliche Genusssucht schlägt auch auf emotionale Bindungen durch – die Ergebnisse sind unter anderem ein intensiver, verbissener Körperkult und die Angst vor wirklicher Nähe.

Generation Kuschel

Diese gesamtgesellschaftliche Entwicklung macht das Leben für Männer und Frauen nicht einfacher. Die Diplompsychologen Ines Imdahl und Stephan Grünewald ermittelten vor einem Jahr in einer Studie des Kölner Instituts Rheingold, dass sich vor allem Männer in einer handfesten Krise befinden. Neben dem Verlust des traditionellen Männerbildes habe sich in den letzten 20 Jahren ein postmodernes Klischee entwickelt, zu dem neben anderen Anforderungen auch gehöre, dass Männer politisch korrekt auf die Bedürfnisse der Frauen eingehen müssten, dabei verständnisvoll und antiautoritär sein sollten. Frauen würden ihnen dabei allerdings nicht entgegenkommen und gar helfen. Schlimmer noch. Imdahl stellte fest: »Egal, wie Männer sich verhalten, den modernen Frauen können sie es auf keinen Fall recht machen.«

Offenbar sind die Verhältnisse tatsächlich verwirrend: Ein weiteres Ergebnis der Studie ist, dass junge Menschen heute sehr angepasst herumlaufen, getrieben von einem generationsumspannenden Harmoniebedürfnis, weshalb Psychologe Grünewald von »Generation Kuschel« spricht. Viele jüngere Männer suchten bei Frauen Anlehnung, die Frauen verlören aber schnell das Interesse an einem Gegenüber, das nicht widerspreche und keine eigenen Konturen habe. Andererseits glaubten Frauen aber, so ein weiteres Ergebnis der Studie, dass sie die Welt bestimmen. Sie sind der Meinung, so Imdahl, jetzt seien sie mal dran. Gleichzeitig unterstellten sie, dass Männer über 35 nicht erwachsen werden wollen und fühlten sich deshalb eher von älteren, entschiedenen Herren angezogen. Die Diagnose der beiden Psychologen: »Schwere Zeiten für die Liebe«.

Romantische Liebesideale, narzisstische Persönlichkeiten, Wünsche nach Symbiose und nach Grandiosität – viele Menschen leben mit ihrem Bild vom anderen und produzieren zunehmend eine Art Eiszeit in ihrer Beziehung. Die früher oder später zu großer Enttäuschung führt.

»Ich möchte perfekt sein, und ich möchte, dass mein Partner auch perfekt ist«, so lautet das Credo einer erfolgsverherrlichenden Gesellschaft. Sie führt in Beziehungen schnell zu einer Konsumhaltung nach dem Motto: Meine Zeit ist mir zu schade für Streitereien, da wende ich mich lieber einem neuen, attraktiven Liebesobjekt zu. Wer hat schon Zeit, den anderen verstehen zu lernen? Wer hat schon Lust, standzuhalten und eine Zeit lang in der Beziehung verwirrt, vielleicht sogar unglücklich zu sein?

Unangenehmes verschwindet nicht, indem man es ignoriert. Es taucht wieder auf, spätestens in der nächsten Beziehung. Sich drücken hilft nicht. Zu einer erfüllten Liebe gehören Krisen, Streit, Trauer, manchmal Unglück – neben den erfüllenden, glücklichen Phasen.

Gebrauchsanweisung für den Partner

Ein Ausnahmepaar trafen wir in Frankfurt: Die Erzieherin Lisa, 36, und Carlo, 38, Besitzer eines Friseursalons. Carlo ist Italiener, und die beiden haben sich in Italien kennen gelernt, wo Lisa als 18-Jährige Urlaub machte mit Freunden. Sie saß mit ihren Freundinnen und einem Mann auf einer Treppe an der Piazza, Carlo sah sie und war gleich ganz verzaubert, wie er sagt. Er fuhr mit seinem Roller immer im Kreis, schließlich stieg er ab, ging zu den Deutschen und lud Lisa zum Tanzen ein. Lisa lehnte höflich ab. Aber die beiden begegneten sich immer wieder in dem kleinen Küstenort, und so begann eine kleine Romanze.

Die Ferien gingen zu Ende, Lisa fuhr nach Frankfurt zurück. Dann schickte Carlo kitschige Postkarten, kam zu Besuch, lud sie zu seiner Familie nach Italien ein. Schließlich ging Carlo nach England, um dort als Friseur zu arbeiten, man sah sich alle zwei Monate. Es war eine Zeit voller Missverständnisse, sagen beide heute, nicht zuletzt, weil sie sich sprachlich nur notdürftig verständigen konnten. Dann zog Carlo zu Lisa nach Frankfurt, und allmählich rauften sich die beiden zusammen. »Was für eine Bereicherung, dass er Italiener ist«, sagt Lisa heute, »ich liebe die Sprache, die Menschen in Italien, ich liebe die Musik. Unsere Liebe hat nichts Ausgelatschtes, er macht mir nach 16 Jahren noch Komplimente und bringt mich zum Lachen.«

Carlo wiederum findet, er habe die großartigste Frau der Welt, »ich fühle mich bei ihr überhaupt nie angeklebt«, er fühle sich ihr sehr nah und trotzdem unabhängig. Carlos Eherezept: »meine Freude nach Hause zu bringen. Ich habe großes Interesse und viel Freude an meiner Frau. Ich verwöhne sie gern und lasse mich liebend gern verwöhnen.« Deutsche Männer, findet er, nähmen Frauen häufig nicht richtig wahr, in Italien sei das anders. Dort, sagt Carlo, sind die Männer männlicher, sie flirten gern, und die Frauen sind weiblicher und leben ihr Frausein lustvoll aus, und so herrsche mehr Zufriedenheit.

Wie erreichen Paare ein solches gemeinsames Gluck, das die Jahre überdauert? Führen sie regelmäßig die allseits gefürchteten Beziehungsgespräche? Ach, die üblichen Gespräche dieser Art, sagt Schmidbauer, dienten oft nur dazu, den anderen zu normieren. Sie hätten etwas Missionarisches. Stattdessen sollte man lieber eine Forschungsexpedition veranstalten, um herauszufinden, wer ist der andere, was hat er für eine Geschichte, welche Befriedigungsmöglichkeiten bietet er mir. Man könne sich ein Leben lang damit beschäftigen, eine realistische Gebrauchsanweisung für seinen Partner zu entwickeln. Vielleicht, so Schmidbauer, würde man einander nicht immer verstehen, damit müsse man rechnen. Aber Männer und Frauen könnten sich lieben und auf diese Weise auch Missverstehen überbrücken. Die besten Chancen auf eine lang anhaltende, glückliche Beziehung haben, welche Überraschung, Menschen, die ihr Leben schön gestalten können, die ein hohes Maß an Eigenverantwortung haben, die mit den alltäglichen Kränkungen, Verletzungen und Anstrengungen des Alltags gut klarkommen, sich Humor und Großzügigkeit bewahren und – das sei am wichtigsten – im guten Sinne streitbar bleiben, statt sich grollend in sich zurückzuziehen. Es sind meist auch die, die Macht in Beziehungen teilen können, tolerant bleiben, gemeinsame Rituale pflegen und letztlich das finden, was ihnen kein Ratgeber vermitteln kann: einen eigenen Weg.

»Glückliche Familien sind alle gleich«, schrieb Leo Tolstoi als ersten Satz seines Romans »Anna Karenina«. »Und jede unglückliche Familie ist unglücklich auf ihre eigene Weise.«

John Gottman ist anderer Meinung. »Ich glaube, Tolstoi lag völlig daneben«, sagt er. »Unglückliche Familien sind einander sehr ähnlich. Während die glücklichen eher auf ihre eigene Art glücklich sind.«

6. KAPITEL

Kinder, Küche, Kollaps – von neuen Vätern und Muttertieren

Wenn es zu zweit schon mühsam ist, die Liebe füreinander im Alltag nicht zu verlieren, so wird das Leben noch komplizierter, wenn ein Dritter hinzukommt, ein Kind. Die Zahl der Scheidungen hat im Jahr 2003 einen traurigen Höchststand erreicht – besonders gefährdet ist eine Ehe, sagen Familienforscher, nach der Geburt des ersten Kindes. Sicher, nicht jede Frau, die dieses Buch liest, ist Mutter. Vielleicht will sie auch nie eine werden. Vielleicht mag sie Kinder nicht mal. Doch diese Einstellung kann sich erfahrungsgemäß schnell ändern.

Wer heute kein Kind will, denkt morgen anders, wird Mutter und hält sein Baby für das wundervollste Wesen auf diesem Planeten. Und wehe dem, der nicht genauso denkt.

Einer von ihnen sind wir persönlich begegnet. Zwei Kinder, Butterbrote und Kassettenrecorder hatte sie dabei. In dem scheppernden Recorder lief zur Freude der kleinen Buben eine Kassette von »Benjamin Blümchen«, »Töröööö!« schallte es immer wieder durch den gesamten Großraumwagen. Diese Kassetten sind sehr nett. Nur nicht, wenn man zum Mithören gezwungen wird.

Wir stellten unser Gespräch ein und versuchten zu lesen. Die Beschallung hielt jedoch in unverminderter Lautstärke an. Keiner der Mitreisenden ließ sich dadurch aus der Reserve locken. Schließlich stand Juliana, selbst Mutter dreier Kinder, auf, ging zu der Mutter samt ihren beiden kleinen Söhnen und Kassettenrecorder und sagte freundlich: »Könnten Sie den Apparat vielleicht ein wenig leiser stellen?«

Die Frau sah sie nicht an, sie sah an ihr vorbei. Ihre Miene drückte Empörung aus. »Moritz und Milan«, rief sie laut und nahm den Kassettenrecorder, »ich muss leiser stellen, diese Frau hier mag keine Kinder.« Sie drehte den Ton etwas leiser. Immer noch mied sie jeden Blickkontakt. Juliana nahm wieder Platz, gefolgt von dankbaren Blicken – die beiden kleinen Jungen und Benjamin Blümchens Abenteuer hatten offenbar auch andere Reisende gestört. Aber keiner hatte gewagt, Mutter und Kinder um Rücksicht zu bitten.

Erziehungstipps sind vergebens, ja sie sind eigentlich unerwünscht bei diesen Frauen. Sie beharren in kindlicher Rechthaberei darauf, dass sie es schon richtig machen mit ihren Kleinen. Und wenn andere Leute nicht die nötigen Nerven besitzen, ist das ihr Pech. Die Zahl dieser egoistischen Frauen nimmt zu, sie fahren nicht nur Zug, man trifft sie leider auch anderswo. Sie führen nach eigener Überzeugung einen steten Verteidigungskampf zum Wohl ihrer Kinder. Sie denken: Wer kleine Kinder hat, ist prinzipiell im Recht – keine Gnade für Andersdenkende.

Wir nennen sie »Kampfmütter«, und es ist nicht als Kompliment gemeint.

Was ist über den Mann zu sagen, wenn er Vater wird?

Würde er das Recht auf kindgerechte Beschallung im öffentlichen Raum verteidigen und damit seine Frau und sein Kind?

Angenommen, er täte es nicht, hätte er zu Hause vermutlich nichts zu lachen.

Kult ums Kind

Der moderne Mann, wird er Vater, muss einen Spagat zwischen Berufstätigkeit und Kinderzuwendung hinkriegen, will er seine Frau nicht verärgern. Das bedeutet: Er muss den Kult ums Kind mitmachen. Er muss das Kind mindestens so wichtig nehmen wie sie und gleichzeitig für den materiellen Wohlstand der Familie sorgen. Das hat sich anscheinend so durchgesetzt, und kaum einer wagt es, sich dieser Anforderung zu verweigern. Nur hier und da regt sich verhaltener Widerspruch.

»Kinderkult, Mutterwahn und Zukunftsangst vermischen sich zu einem diffusen Erwartungsszenario, in dem für arbeitende Mütter mit glücklichen Kindern kein Platz ist«, kritisierte Jeanne Rubner in der *Süddeutschen Zeitung* im Frühjahr 2004.

Wegen ihrer überbeschützenden Mütter stünden Kinder in Deutschland nicht im fröhlichen Mittelpunkt, sondern quasi unter Artenschutz. Rubner wendet sich gegen klammernde Mütter, die sich für die einzig wahren Erzieherinnen halten, beschreibt die verkitschten Romantikideale der Mütter, ihre Ansprüche an die jeweiligen Väter und fordert mehr Pragmatismus und Wurstigkeit im Umgang mit den Süßen.

Eine vernünftige Forderung. Auch auf uns wirken viele Mütter heute eher gestresst, nicht so, als würden sie ihr Kind genießen und sich an ihm freuen. Ein befreundetes Ehepaar aus Italien sagte uns nach einem Deutschlandbesuch, sie fänden die jungen Mütter hier zu Lande merkwürdig freudlos. Sie stöhnten viel, klagten über Geldsorgen, über fehlende Unterstützung und sähen nicht wirklich glücklich aus mit ihren Kindern. In Italien würden die Mütter Freude und Begeisterung über ihre Kinder empfinden und dies auch zeigen, und sie seien viel sorgloser, dass diese gut gedeihen würden.

Und die Väter? Was ein »aktiver« Vater zu sein hat, bestimmt häufig nicht der Mann, sondern seine Frau. Die Hamburger Wochenzeitschrift *Die Zeit* widmete sich ausführlich Männern, die sich engagiert um eine neue, aktive Vaterrolle bemühen, kumpelhaft, freundlich, antiautoritär.

Das führt zu einem katastrophalen Ergebnis, erklärt der Autor, der sich auf die Spurensuche begeben hat: »Der neue Vater ... ist ein Wurm. Ein Jammerlappen. Als Körper gerade noch anwesend, ist er als Person blass, schwächlich, beinahe inexistent. Er verfügt weder über Autorität noch Profil, scheut Auseinandersetzungen, ist harmoniesüchtig und nachgiebig bis zur Charakterlosigkeit«, schreibt Burkhard Strassmann und beruft sich auf Kinderpsychologen, die neuerdings auffallend häufig mit Kindern zu tun haben, die auf Grund ihrer massiven

Störungen zwischen Pädagogen, Psychologen und Ärzten hin- und hergeschoben werden.

Die kleinen Patienten sind aggressiv, egozentrisch, unsozial, unfähig zur Empathie, manchmal gar gemeingefährlich oder verhaltensgestört bis zur Unbeschulbarkeit. Beim Ausleuchten des familiären Hintergrundes, so Strassmann, träfen die Therapeuten regelmäßig auf eine allein erziehende Mutter oder eine Mutter mit einem dieser neuen Väter. Diese blassen, schwachen Männer könnten ein Kind keine verbindlichen Regeln lehren, keine Orientierung geben für den Weg in die Welt.

Was Strassmann nicht weiter ausführt: Auch die jeweiligen Mütter versagen hier anscheinend kläglich. Denn noch ist die Kindererziehung hauptsächlich Frauensache – in der Familie, in den Kindergärten, in den Grundschulen sind Frauen nach wie vor in der Mehrheit präsent.

Wenn also heute so viele verwöhnte, hyperaktive, aggressive oder autoaggressive Kinder beim Therapeuten Rat suchen, sind dafür auch Frauen mitverantwortlich. Ob ihnen das gefällt oder nicht.

Kümmervater und Übermutter

Die betroffenen Kinder, das beklagen Lehrer, Schulpsychologen, Therapeuten, manchmal auch Nachbarn und Freunde, fallen durch unerfreuliche Eigenschaften und Verhaltensweisen auf: Sie quengeln viel, sie fordern viel. Sie sind überhaupt nicht belastbar. Nie wirken sie zufrieden und ausgeglichen. Sie wollen alles, und zwar sofort. Forderungen an sich selbst sind sie nicht gewohnt, sie empfinden sie als Zumutung. Sie sind überbehütet und unterfordert. Jede Form der Kritik löst bei ihnen (und ihren Erzeugern) massive Empörung aus. Sie entwickeln sich zu gelangweilten, genusssüchtigen Egoisten, die alle um sich herum tyrannisieren.

Diese Eltern – sie entstammen vor allem den so genannten besseren sozialen Milieus – wollen partnerschaftlich und harmonisch mit ihren Kindern leben in der Familie, sie sind als gut gelaunte Entertainer und Tröster im Dauereinsatz. Und sie sind ehrgeizig, denn ihre Kinder sind etwas Besonderes.

Früher, da liefen Kinder irgendwie mit – es waren ja auch meistens mehr als zwei. Niemand dachte über richtige Erziehung nach – nicht mehr auszudenken heute. Heute profitieren Therapeuten und Buchmarkt von verunsicherten Müttern. Die laufen von einer Beratungsstelle zur anderen, tauschen sich pausenlos mit anderen Müttern aus und kaufen sich anschließend den jeweils empfohlenen Erziehungsratgeber.

Die primäre und sehr einfache Verhaltensweise, nämlich den liebevollen Austausch, lehre allerdings kein Buch richtig, erklärt Psychotherapeut Schmidbauer. Hier sei Intuition gefragt. Doch darauf wollen sich moderne Eltern lieber nicht verlassen. Für die Kümmerväter und Übermütter von heute ist Erziehung eine Prestigeangelegenheit, ein Erfolgsprojekt. Trotzanfälle, Wutausbrüche und Krisen bedrohen das Erfolgsprojekt. Die Supereltern sind deshalb bemüht, sie zu vermeiden.

Das hat Konsequenzen. »Aus Familien werden Befindlichkeitsgemeinschaften mit hoher narzisstischer Komponente«, sagt der Hannoveraner Kinderpsychologe Wolfgang Bergmann.

Die verordnete Zwangsharmonie aufrechtzuerhalten ist nicht nur falsch, sondern erfordert zudem einen enormen Energieaufwand. Das ist für Mütter allein kaum zu schaffen. Also wird der Vater in gleicher Weise eingespannt und verantwortlich gemacht für den häuslichen Burgfrieden; die ungestörte Familienidylle. So wird also der Mann, nach lang beklagter Männlichkeits- und Vaterschaftskrise, in die Familie zurückbeordert, refamiliarisiert – auf besonderen Wunsch der Frau. Es ist, in dieser Radikalität, wohl der falsche Weg. Es tut ihm nicht gut, es tut den Kindern nicht gut.

Sucht er einen Ausweg aus diesem Scheinfrieden-Dilemma, das ihn zum permanenten Spannungsausgleich zwingt, will er sich durchsetzen gegenüber seinem Kind, muss der neue Vater krisenfest werden. Er kann sich nur Respekt verschaffen, wenn er aushält, dass er auch mal laut wird. »Es wird Krach und Streit und Tränen geben, Türen werden knallen und das eine oder andere wird dabei zu Bruch gehen«, prophezeit Strassmann.

Der so geläuterte, in seiner Erziehung konsequente Vater wird auch lernen, sich gegen übertriebene weibliche Ansprüche zur Wehr zu setzen. Denn Erziehung sollte im Idealfall von Vater und Mutter gleichermaßen getragen werden.

Also wird es Kämpfe geben, wenn die jeweilige Mutter einen anderen Erziehungsstil für richtig hält. Der neue Vater riskiert, beschimpft zu werden, wenn er aktiv in die Erziehung eingreift und damit seiner Frau den Anspruch auf Alleinherrschaft in diesem Bereich streitig macht. Dass auch Frauen bei der Erziehung Fehler machen, sogar gravierende, dass sie maßgeblich mit schuld sind an der von Pädagogen beanstandeten Misere, ist eine Wahrheit, die den wenigsten gefällt.

Wie viel Mutter braucht ein Kind?

Wenn man vieles richtig machen kann bei seinem Kind, kann man auch viel falsch machen. Entsprechend ängstlich sind Mütter. Es wäre sicher leichter, wenn diese Frauen nicht verzweifelt versuchten, perfekte Mütter zu sein. Sie sind gut genug, kein Grund zur Sorge. »Vielleicht sind Mütter ja gar nicht so ungeheuer wichtig für ihre Kinder, wie man sie glauben macht und wie sie selbst glauben möchten«, gibt die Sozialpsychologin Herrad Schenk in ihrem Buch ›Wie viel Mutter braucht der Mensch?‹ zu bedenken. »Vielleicht sind Kinder sehr viel robuster, viel weniger zerbrechlich und beeinflussbar.«

Möglich, ja. Auch wenn das viele Frauen als Unsinn abtun, weil es sie in ihrem weiblichen Selbstverständnis kränkt. Tatsache aber ist, dass heute Instanzen wie Kindergarten, Schule und Medien die Erziehung mit beeinflussen. Es sei eine maßlose Überschätzung und eine unzulässige Dramatisierung, wenn man behaupte, dass alles, was die Mutter ihrem Kind an Prägungen anbiete, dauerhafter und nachhaltiger wirke als andere Prägungen, warnt Schmidbauer.

Offenbar stoßen solche Erkenntnisse aber bei Frauen nicht auf offene Ohren, sonst würden sie entspannter leben. Warum nur machen es Mütter sich häufig auch noch gegenseitig so schwer? Warum gebärden sich manche Frauen als Übermütter und rümpfen die Nase, wenn eine Freundin sich bereits drei Monate nach der Geburt ihres Kindes zurück an den Schreibtisch begibt? Was soll dieser vorwurfsvolle Blick auf Frauen, die einen anderen Lebensentwurf wählen? Was soll der übertriebene Eifer um das Förderprogramm für die Sprösslinge – muss ein Kind wirklich schon mit drei Jahren Englisch lernen oder im Schachclub sitzen? Vielleicht wäre das Familiendasein einfacher und schöner mit weniger Anspruch an sich selbst, weniger Anspruch an den Partner und etwas mehr Leichtigkeit und Gelassenheit. Das Leben ist nicht perfekt, warum sollen die Frauen es dann sein?

»Mir fällt auf, dass viele Väter versuchen, ihre Frauen zu entlasten, es ihnen aber nie recht machen können«, erzählt die 40-jährige Rebecca, die seit Jahren mit ihrem kleinen Sohn und ihrem Mann in Familien-Ferienclubs Urlaub macht, die auch ein Angebot für kleine Kinder haben.

»Die Mütter tun sich schwer, ihr Kind einfach mal unbekümmert abzugeben an Betreuerinnen. Und wenn der Vater wickelt oder füttert oder mit dem Kind spielt, beobachtet sie ihn prüfend dabei. Diese Frauen ›sitzen‹ förmlich auf ihren Kindern, und wehe, ihr Partner macht es nicht genau so, wie sie sich das vorstellen, dann werden sie sauer.«

Es sei schwierig, findet Rebecca, es diesen Müttern recht zu machen. »Ich glaube, unterschwellig konkurrieren sie mit dem Vater und werden schnell neidisch, wenn er eine eigenständige Beziehung zu dem Kind entwickelt. Sie fordern es zwar unentwegt von ihm, aber sie wollen es eigentlich gar nicht.« Und wenn eine Mutter wie Rebecca anders umgeht mit ihrem Kind, wird sie oft schräg angesehen.

»Ich hätte das nie für möglich gehalten«, erklärt die 32-jährige Mutter Sonja aus München, die bereits nach vier Monaten wieder als Steuerberaterin arbeitete. »Die härteste Kritik kommt von Frauen. Wie ich das tun könnte, warum ich nicht lieber zu Hause bleiben wollte bei meinem Kind, ob ich keine Angst hätte, dass meine Tochter Schaden nehmen könnte. Sie beurteilen und verurteilen mich und meinen Mann. Ich finde diese Haltung reichlich anmaßend und dogmatisch.«

Sonjas und Rebeccas Kritikerinnen – ausschließlich Frauen übrigens – sind überzeugt davon, dass eine Mutter zu ihrem Kind gehört, dass jede andere Form der Arbeitsorganisation nur schädlich sein kann für das Baby. Als ob es verbriefte Wahrheit sei, dass nur die leibliche Mutter einen Säugling optimal versorgen kann. Dabei ist längst erwiesen, dass das dummes Zeug ist.

Work-Life-Balance für Frauen

Grundsätzlich sei es immens wichtig, so Schmidbauer in einem Gespräch mit dem Hamburger Nachrichtenmagazin *Der Spiegel*, dass Mütter ihr Selbstwertgefühl nicht ausschließlich aus dem Kontakt zu ihrem Kind beziehen.

»Schlimm wird es, wenn sie auch noch ihren Mann aus der Symbiose ausschließen und ihm das Gefühl vermitteln, sie interessieren sich nur noch für das Kind.« Gerade Frauen mit Leistungserwartungen an sich selbst falle das schwer, gerade sie beäugen ihre Männer argwöhnisch. »Wenn er sie nicht perfekt entlasten kann oder sich etwas ungeschickt anstellt, drängen sie ihn aus der Kinderbetreuung«, hat Schmidbauer beobachtet. Die damit einhergehende Entwertung des Vaters sei der Frau oft nicht einmal bewusst, habe aber fatale Folgen, auch für das Kind.

Ein Beispiel: Sie packt Windeln, Schnuller und Kekse ein, wenn er für ein paar Stunden mit Baby Lena in den Park gehen will. Sie ermahnt ihn, gut aufzupassen. Sie packt noch einen Waschlappen ein, falls Baby Lena sich beschmiert. Sie bemuttert das Baby, sie bemuttert ihn, sie meint es nur gut, tut aber so, als sei er nicht imstande, selbst zu entscheiden, was er alles einpacken will für einen Ausflug in den Park. Sie leugnet seine Kompetenz, ja, entmündigt den Vater, und natürlich gefällt ihm das nicht. Ihr würde es umgekehrt auch nicht gefallen.

Tatsache ist, dass es für Frauen mit Kindern oft schwierig ist, Arbeit und Familie in Balance zu bringen. Doch der Versuch tut allen gut.

Experten raten zu einer ausgewogenen Work-Life-Balance: Wer arbeiten geht neben seinem Familiendasein ist gesünder, psychisch stabiler und zufriedener. Eine Langzeitstudie belegte, dass die Depressionswerte von

Hausfrauen und Müttern sich in dem Maße verringerten, wie diese zunehmend berufstätig wurden.

»Je mehr Stunden sie außer Haus arbeiteten, desto stabiler war ihre psychische Verfassung«, referiert Ursula Nuber in der Fachzeitschrift *Psychologie heute*. Diese positiven Resultate ergaben sich auch bei Müttern von Vorschulkindern. Nuber fährt fort: »Umgekehrt berichteten Frauen, die ihre Berufstätigkeit reduzierten, über eine Zunahme an depressiven Verstimmungen.« Als zweiter positiver Effekt ergab sich, dass zufriedene berufstätige Frauen auch mal fünf gerade sein lassen können und sich in familiäre Krisen nicht hineinsteigern – berufliche Bestätigung macht offenbar stress-resistent.

Auch ist die Qualität der Paarbeziehung entscheidend für die Entwicklung des Kindes. »Da können die Eltern beruflich noch so erfolgreich sein – wenn das Kind an ihnen nicht beobachten kann, wie ein gesunder Austausch zwischen zwei Menschen abläuft, dann wird es selbst zu diesem Austausch nicht fähig sein«, weiß Wolfgang Schmidbauer aus der Praxis.

Von Uschis und anderen Ausbeuterinnen

Liebe, Drama, Wahnsinn – diese Entwicklung gipfelt nicht zwangsläufig in unkontrolliertem Schlagabtausch, aufwühlenden Turbulenzen und Streitereien um das gemeinsame Kind, einer schwierigen Symbiose oder Trennung.

Manche Frauen wählen einen anderen Weg. Sie finden

es gut und richtig, sich von einem Mann finanziell versorgen zu lassen. Wer bitte sollte es denn sonst tun? Sie pflegen ihren Ruf als Femme fatale, geben sich lasziv und verführerisch, lassen aber in Wahrheit niemanden an sich heran – es sei denn, der Bewunderer wedelt mit mehreren Kreditkarten. Im Leben dieser Frauen spielt Bequemlichkeit die Hauptrolle – in ihrer DNA gibt es offenbar einen Strang, der sie prädestiniert, viel Geld für Verkleidungen aller Art, Friseurbesuche, Schönheitsoperationen und sonstigen Schnickschnack auszugeben. Ihr Herz ist verschlossen wie eine Auster. Ihr Daseinszweck, wenn sie gerade mal nicht bei der Maniküre oder Pediküre sind: ausdauernd shoppen, voller Stolz das neue Sofa, den schicken Sportflitzer, das Tafelsilber präsentieren und Cocktailpartys geben. Auf Kinder verzichten sie. Da leiden nur Figur, Nerven und Teppichböden. Ihr Credo: Das Leben ist da, um es zu genießen. Und Männer sind dazu da, sich ausnehmen zu lassen.

»Das Uschi-Prinzip« nennt die Autorin Meike Rensch-Bergner ihr Buch, in dem sie Frauen rät, als hilflose, spärlich bekleidete Blondchen durch die Welt zu trippeln, um von Männern – im Buch wahlweise als »Pausensnack« oder auch »Gartenpisser« bezeichnet – das zu bekommen, was den Uschis dieser Welt zusteht: von allem nur das Beste.

Die Uschi-Regeln lauten beispielsweise »Lebe nach dem Lustprinzip«, »Sei geheimnisvoll« und »Lass andere für dich arbeiten«. Wer diese Ratschläge befolgt, verspricht die Autorin, wird erfolgreicher und selbstbewusster. Wie das genau gehen soll, bleibt unklar – besteht das Uschi-Prinzip doch in der Hauptsache darin, sich in eine passive Barbiepuppe der Extraklasse zu verwandeln und sich wie eine hirnamputierte Idiotin aufzuführen.

Meike Rensch-Bergner möchte die Uschi-Prinzipien im ganzen Land durch Seminare verbreiten. Dazu gehört, dass Frau zwar hilflos tut, in Wahrheit aber total raffiniert ist. Die Verstellung dient allein dem Zweck, Männer für dumm zu verkaufen, sie für sich arbeiten zu lassen und sie nach allen Regeln der Kunst auszubeuten.

Wilde Partyluder

Nichts gegen fröhliches Sich-Zur-Schau-Stellen, nichts dagegen, dass Frauen sich bewusst als Sexobjekt inszenieren – nur als Dauerprogramm ist das etwas einseitig, also nur bedingt zu empfehlen.

Sicher, es mag Frauen geben, die sich gern betont unbedarft, dafür aber sehr sexy präsentieren. Es macht ja neuerdings auch manchen Popsängerinnen Spaß, sich wie ein sexhungriger Lolita-Vamp zu winden, zu strippen, mit der Reitpeitsche zu knallen und in den Musikvideos einen Mix aus Softporno und Table-Dance abzuziehen. Christina Aguilera zeigt sich in Lederhosen, ansonsten fast nackt und stellt in ihrem Video »Dirrrty« Sado-Maso-Szenen nach. Die Popwelt ist inzwischen konsequent durchsexualisiert, pornografische Bilderwelten auf den Musikkanälen sind allgegenwärtig. Man darf gespannt sein, auf welche Weise diese Videoclips das Selbstbild von Jungen und Mädchen, die noch in der Entwicklung sind, prägen. Bei einem Mädchen, so viel wissen wir, wirkte die Lederhosenperformance bereits nachhaltig. »Das wilde Partyluder Verena K«, wie die Boulevardpresse sie nannte, tanzte als Klon von Christina Aguilera durchs Münchner Nachtleben und brachte Oliver Kahn kurzfristig um den Verstand – der tragische Rest der Geschichte ist bekannt.

Ja, solche Frauen gibt es. Und es gibt auch Männer, die von Frauen nicht mehr erwarten als ein beeindruckendes Dekolletee und rasierte Beine.

Diese Leute interessieren hier allerdings ebenso wenig wie Leute, die sich für Dschungelshows melden, weil sie im Licht der Öffentlichkeit unbedingt einmal mit einer Riesenspinne Zwiesprache halten wollen.

Emotionale Erpressung und zweifelhafter Gewinn

Auf Zynismus und Männerverachtung stößt man übrigens auch bei so genannten kultivierten Frauen – auch wenn diese es nicht immer wahrhaben wollen. Sie gebärden sich nicht besonders sexy, sie bemühen sich nicht gerade um den Mann und sein Zentralorgan. Sie pflegen aber eine ähnliche Ausbeutermentalität wie dummdreiste Uschis und berechnende Tussis, sie rechtfertigen es nur anders. Ihr Verhalten lässt sich im wirklichen Leben vielfach beobachten, und die Anzahl der kritischen Kronzeuginnen wächst.

Da ist beispielsweise Anne, 41, Krankengymnastin in Göttingen. Sie lebt mit ihrer fünfjährigen Tochter Claire zusammen in einer schönen, großen Wohnung. Finanziert von Claires Vater, mit dem Anna nie verheiratet war. Bernhard, 49, arbeitet in der Werbung und zahlt der Mutter seiner Tochter mehr, als er muss, weil Anna ihm regelmäßig droht, sonst mit Claire in eine andere Stadt zu ziehen. Weit weg. Berlin könnte ihr gefallen oder auch München.

Bernhard weiß, dass er seine Tochter dann nur noch in den Ferien sehen könnte. Er ist als Eigentümer einer Werbeagentur mit vielen ortsansässigen Kunden beruflich in Göttingen angebunden. Anna sieht ihre Beziehung mit Bernhard heute als Fehler an. Das gemeinsame Kind allerdings bezeichnet sie als »das Wichtigste in meinem Leben«. Sie findet, dass sie als allein erziehende Mutter über die Erziehung von Claire zu entscheiden hat, obwohl sie genau genommen keineswegs allein erziehend ist, sondern sich mit ihrem Exfreund die Elternschaft teilt – nur nicht in einer gemeinsamen Wohnung.

Bernhard holt Claire an zwei Abenden in der Woche von der Schule ab und nimmt sie mit zu sich nach Hause. Außerdem ist Claire jedes zweite Wochenende bei ihrem Vater. Wenn dieser eine Freundin hat, entzieht ihm Anna das Kind.

»Das ist ja wohl eine Zumutung, dass Claire seine Amouren mitbekommt«, erklärt sie. »Solange er mit einer Frau rummacht, lasse ich Claire nicht zu ihm. Wenn er sich mit einer fest zusammentut, ist das vielleicht was anderes. Wenn ich sie gut leiden kann.«

Von ihren Geschlechtsgenossinnen scheint Anna nicht viel zu halten. Von Männern allerdings auch nicht. Seit Jahren hat sie kein Verhältnis mehr gehabt mit einem Mann, und sie richtet sich auch darauf ein, dass das so bleiben wird.

Bernhard war für sie ein bindungsunfähiger Kerl, und sie hofft, wie sie ganz offen auch ihrer Tochter erklärt, dass diese möglichst wenig Anteile von ihm geerbt hat.

Die Art, in der Anna über Claires Vater spricht, ist aggressiv und enthält eine klare Entwertung. Kolleginnen in der großen Gemeinschaftspraxis mahnen sie immer mal wieder, sie solle sich Claire zuliebe mit ihren abfälligen Bemerkungen zurückhalten. Schließlich bringe sie Claire durch dieses Gerede mehr und mehr in einen Loyalitätskonflikt ihrem Vater gegenüber. Anna weiß, dass ihre Kolleginnen Recht haben, sie kann aber nicht anders – sie hält Bernhard einfach für einen Volltrottel. Dass er für sie Großeinkäufe macht, den Abfluss repariert, das Auto wartet und regelmäßig mehr zahlt, als er müsste, hält Anna für selbstverständlich. Geld habe er schließlich genug.

Anna hat sich mit anderen Alleinerziehenden zusammengetan, um Ausflüge, Kindergeburtstage und gemeinsame Ferien zu organisieren. Männer haben da keinen Platz. In Annas Alltag erst recht nicht. Unbewusst macht sie Claire zu ihrem Partner. Es vergeht keine Nacht, in der sie Claire nicht zu sich ins Bett holt. Nach dem Trauma der Trennung sei das gut für ihre Tochter, behauptet sie. Auf die Idee, dass sie auf Grund ihrer eigenen Bedürftigkeit ihre Tochter vielleicht emotional ausnutzt, kommt Anna nicht.

Sie findet es auch richtig, dass Claire verwöhnt wird.

Auch hier wird wieder die Trennung als Motiv genannt. Als Claires Kindergärtnerinnen einmal nachfragten, warum Claire sich dauernd bedienen lasse und andere Kinder herumkommandiere, reagierte Anna ausgesprochen gereizt. Anforderungen jedweder Art sollten so spät wie möglich an Claire herangetragen werden, sie sei schließlich noch ein Kind.

An den Wochenenden und Abenden, an denen Claire bei ihrem Vater ist, weiß Anna nichts mit sich anzufangen. Statt etwas zu unternehmen, sitzt sie vor dem Fernsehapparat. Sie neidet Bernhard die Nähe zu Claire, sie konkurriert mit ihm um die Sympathie der Tochter, und sie kritisiert seinen strengeren Erziehungsstil.

Wenn Claire die Wochenenden bei ihrem Vater verbringt, ruft Anna regelmäßig an und findet meist einen Vorwand, ihre Tochter früher als vereinbart abzuholen. Sollte Bernhard protestieren, droht sie ihm wieder mit dem Umzug in eine andere Stadt.

Kleinliche Rache

Die Geschichte von Anna und Bernhard ist keineswegs eine Ausnahme. Erzählt man sie im Freundeskreis, tauchen plötzlich neue »Annas« auf, die ihre Expartner vor anderen entwerten, sie gleichzeitig wegen des Kindes erpressen und finanziell abzocken. Frauen, so berichten Rechtsanwälte, werden häufig nach Trennungen geradezu von Hass und Rachsucht angetrieben. Ihre Gefühlslogik ist dann kaum nachvollziehbar, zumal sie sich auf lange Sicht gegen die Kinder und sich selbst richtet.

Wie bemerkte Rosa Luxemburg so treffend: »Der Charakter einer Frau zeigt sich nicht, wenn die Liebe beginnt, sondern wenn sie endet.«

»Man braucht eine Ehe, eine lange, um ein Monster zu werden«, heißt es wiederum bei Max Frisch. Und Theodor W. Adorno, der sein ganzes Leben mit seiner Frau Gretel zubrachte, schrieb in »Minima Novalia«: »Sobald Menschen, auch gutartige, freundliche und gebildete, sich scheiden lassen, pflegt eine Staubwolke aufzusteigen, die alles überzieht und verfärbt, womit sie in Berührung kommt ... Professoren brechen nach der Trennung in die Wohnung ihrer Frau ein, um Gegenstände aus dem Schreibtisch zu entwenden, und wohldotierte Damen denunzieren ihre Männer wegen Steuerhinterziehung.« Kleinliche Rache, die allenfalls mitleidiges Kopfschütteln erzeugt.

Ein trauriges Ende, meint Paartherapeut Jürg Willi. »Wenn eine Beziehung scheitert, eine Ehe, und die beiden wissen gar nicht, warum. Sie lernen daraus nichts. Nach dem Motto: Früher war es schön, jetzt nicht mehr, also Schluss. Eine unreflektierte Scheidung heißt, eine wichtige Chance verpasst zu haben.«

Trennungen wird es auch in Zukunft geben. Doch die Betroffenen können lernen, konstruktiv damit umzugehen. Sie brauchen niemanden fertig zu machen. Sie können die so genannte Schuldfrage anders behandeln, sie können sich darum bemühen, zu verstehen, was passiert. Schließlich tun sie sich damit selbst einen Gefallen, nicht nur dem anderen.

7. KAPITEL

Sex und Selbsterkenntnis oder »Zu viel Sex ist gar nicht gesund«

»Wenn Sex die natürlichste Sache der Welt ist, warum gibt es dann so viele Ratgeber darüber?«, fragt die amerikanische Schauspielerin und Sängerin Bette Midler zu Recht. Das Thema Sex hat viele Facetten, viele Wahrheiten und viele Unwahrheiten. Viermal Sex pro Woche, Orgasmen, dass die Wände wackeln, zügellose Leidenschaft ein Leben lang – es wird gelogen, dass sich die Bettpfosten biegen.

Und es lohnt sich, einige Behauptungen näher zu untersuchen. »Zu viel Sex ist gar nicht gesund«, heißt ein moderner Slogan, und bei vielen findet er offenbar erleichterte Zustimmung.

Wir haben uns einige Studienergebnisse angesehen, und, offen gestanden, man weiß nicht so recht, was Männer und Frauen überhaupt sexuell aneinander finden. Die Befragung von 1213 Frauen und Männern in Deutschland zwischen 18 und 65 Jahren über ihre sexuellen Erfahrungen ergab Kurioses: 63 Prozent der Männer hielten sich für tolle Liebhaber, während 76 Prozent der Frauen erklärten, sie seien sexuell frustriert.

War früher alles besser? Wer im 19. Jahrhundert heiratete, konnte sich auf eine durchschnittliche Ehedauer von neun Jahren einstellen. Die Frauen starben im Kindbett oder wurden durch Krankheiten dahingerafft, die allgemeine Lebenserwartung war kurz, die Sterblichkeitsrate hoch. Heute dauert es, rein statistisch, 43 Jahre, bis dass der Tod uns scheidet. Solange mag nicht jeder warten, der in einer glücklosen Beziehung steckt.

Wir leben heute länger, aber auch schneller. Anfang der sechziger Jahre, erklärt der amerikanische Schriftsteller John Updike zurückblickend, hätte man in den Vorstädten noch viel Zeit gehabt. »Sich zu amüsieren und die Frau des Nachbarn zu verführen, zählte definitiv zum verfügbaren Amüsement.« Heute schufte man sechzehn Stunden, und junge Menschen, so Updike, erzählten ihm, sie seien zu müde, um noch mit jemand anderem ins Bett zu gehen. »Es herrscht eine Erschöpfung und Fixierung auf den Beruf vor, die es in den sechziger Jahren einfach nicht gab.« Zu chronischer Erschöpfung und allgemeinem Überdruss am Thema Sex bekannten sich auch viele unserer Gesprächspartner.

Frustriert sind die Menschen, weil sie sich stimuliert, aber auch bedrängt fühlen von immer mehr Bildern, die erotische Signale aussenden. Ob Parfümwerbung oder Reklame für Unterwäsche: überall kopulierende Paare oder tief dekolletierte Damen. Dazu kommen bemerkenswert obszöne Videoclips auf privaten TV-Kanälen, und sogar in den Kunstgalerien hängen immer mehr Nackte herum. So hat der Düsseldorfer Star-Fotokünstler Thomas Ruff in den letzten Jahren seine Serie »Nudes« begonnen, bei der er reihenweise pornografisches Material verarbeitet, das er aus dem Internet bezieht. Der Laie sieht darin kein ironisches Zitat, wie das Feuilleton, sondern lediglich die Fortsetzung des alltäglichen Lustkriegs mit anderen Mitteln.

Die *Bild*-Zeitung beglückte die Republik vor einiger Zeit mit einer Betthäschen-Kampagne: Junge Frauen, die auffällig an den Schmuddel-Sex früherer Schulmädchenreporte erinnern, kneten ihre Brüste, gucken kuhäugig und verkünden, sie könnten acht Stunden lang und dächten ab mittags nur noch an das eine. Es hagelte bundesweit Proteste.

Die Mehrheit der Deutschen fühlt sich durch die ausgiebige Darstellung von Sex im Fernsehen und der Werbung unter Druck gesetzt. 67 Prozent der Frauen fühlen sich verunsichert, bei den Männern liegt der Anteil bei 52 Prozent.

Von DINOS und Quirkyalones

In den USA ist man schon ein bisschen weiter und hat aus der Not eine Tugend gemacht. Dort befassen sich bereits unzählige Bücher und Therapeuten mit der neuen Generation von »DINOS« (**D**ouble **I**ncome, **No** **S**ex), deren Parole »Sleep is the new Sex« lautet – das Schlafbedürfnis der DINOS muss beträchtlich sein. Eine andere Gruppe, die »Quirkyalones«, behauptet hingegen, keine Therapeuten und Ratgeber zu brauchen, weil sie wunschlos glücklich sind. »Quirkyalones« heißt so viel wie »schrullige Alleinstehende«, und wer sich dazu bekennt, feiert mutig sein Einzelgängertum und wehrt sich gegen mitleidige Blicke. »Als Romantiker, Idealisten und Exzentriker empfinden wir unser Single-Dasein als natürlichen Ruhezustand«, erklärt die Publizistin Sasha Cagen aus San Francisco, eine aparte 30-Jährige. Ein enges Netzwerk von Freunden und Gleichgesinnten hilft den Quirkyalones über Phasen der Einsamkeit hinweg, gelegentliche Liebesabenteuer sind nicht ausgeschlossen, werden aber nicht dringend gesucht. Sex für den kleinen Hunger zwischendurch darf sein, muss aber nicht.

Bilden die »DINOS« und »Quirkyalones« die Avantgarde einer Massenbewegung? Zumindest was Erotik und Sex angeht, scheint das der Fall zu sein. Sexualwissenschaftler wie der Hamburger Gunter Schmidt haben herausgefunden, dass die heterosexuelle Erotik in den westlichen Industrieländern verödet. Allerorten lässt Langeweile die Libido versiegen. Schmidt und seine Mitarbeiter verzeichnen einen starken Zulauf von Patienten, die sagen: »Ich habe einfach keine Lust«. Anfang der achtziger Jahre hätten gerade mal 10 Prozent der Frauen über sexuelle Appetitlosigkeit geklagt, heute seien es beunruhigende 60 Prozent. Bei den männlichen Klienten sei der Anteil immerhin von fünf auf fünfzehn Prozent gestiegen.

Bei einer Umfrage im Jahr 1995 gab die Hälfte der angesprochenen Ehepaare an, nur noch ein- bis viermal im Monat Geschlechtsverkehr zu haben. Jede dritte Frau stellt sich beim Akt mit ihrem Mann vor, dass sie von einem fremden Mann genommen wird, jede fünfte treibt es im Kopf mit mehreren Männern, jede fünfte fantasiert vom Sex mit anderen Frauen, während die deutschen Männer sich gerne einbilden, Iris Berben zu verführen. Was soll man daraus schließen?

Fade wie alter Schmelzkäse

Die Psychologin Kirsten von Sydow erklärt in einem Interview mit der Fachzeitschrift *Psychologie heute,* dass Frauen durchaus sexuell interessiert seien, nicht weniger als Männer, dass die üblichen sexuellen Aktivitäten für sie aber oft unbefriedigend wären. Andererseits, kritisiert Sydow, wiesen Frauen den Männern gern die Verantwortung zu. Eine Interviewstudie mit älteren Frauen zum Thema Sexualität in der Partnerschaft befremdete von Sydow. »Auffällig war, dass sich die Frauen nur als Opfer dargestellt haben, sich aber nicht gewehrt, sondern bereitwillig mitgemacht haben«, sagte sie. »Einige haben sogar davon berichtet, dass ihr Mann sie wiederholt nach ihren sexuellen Wünschen gefragt habe – aber sie hätten nichts davon ›verraten‹.«

Wenn Frauen – in unverständlicher und etwas kindischer Weise – mit ihren sexuellen Wünschen hinter dem Berg halten, ist es kaum verwunderlich, dass in vielen Langzeitverbindungen der eheliche Verkehr fade wird wie alter Schmelzkäse. Die Paare arrangieren sich und leben asexuell – was einige Fachleute inzwischen sogar als normal bezeichnen.

Selbst eine offene, ausgewogene, emanzipierte Partnerschaft ist kein Garant für ein tolles Sexleben. »Peer Partner«, also gleichberechtigte Partner, profitierten zwar von ihrer Zweisamkeit, fand die amerikanische Soziologin Pepper Schwartz heraus, sie sind zufrieden, streiten wenig und gehen respektvoll miteinander um. Doch die 600 Paare, die Schwartz befragte, hatten kein besonders befriedigendes Sexualleben, klagten über einen kumpelhaften Ton im Bett, über ein beginnendes »Inzest-Tabu«, weil das Verhältnis geschwisterliche Züge entwickelte.

Schwartz legt vor, was der Hamburger Psychologe Michael Mary in seinem Buch »Fünf Lügen, die Liebe betreffend« bestätigt. Liebe, Lust und Leidenschaft sind auf Dauer nicht zu haben. In langjährigen Beziehungen nehme die sexuelle Lust aufeinander nun einmal ab, das sei keineswegs tragisch. Mary: »Wer sagt, dass Partner sich ständig begehren müssen? Wer sagt, dass Sex ein Ausdruck für Liebe ist? Glück gibt es nur mit Unglück.« Gerade in einer Ehe bestehe so viel Nähe, dass der Einzelne im »wir« zu verschwinden drohe.

Marys Bestandsaufnahme 2001 in einem Interview mit dem Nachrichtenmagazin *Der Spiegel*: »Die gängige Vorstellung, eine dauerhafte Beziehung führen zu können, die auch noch leidenschaftliche Sexualität enthält, ist einfach romantisch und irreal. Seit dem bürgerlichen Zeitalter geistert diese Vorstellung in unseren Köpfen herum. Bis heute ist sie nicht verwirklicht worden, obwohl sie immer aufdringlicher propagiert wird. Noch nie war die Paarbeziehung so sexualisiert wie heute. Und noch nie gab es so hohe Glückserwartungen.«

Mary empfiehlt, eine gute Beziehung, in der der Sex verkümmert sei, nicht zu pathologisieren, das sei Blödsinn. Und eine wertvolle Langzeitpartnerschaft deshalb aufzugeben sei ebenfalls idiotisch. Wenn also in den Betten der meisten Paare Langeweile herrscht, ist es der Zeitgeist, ein Naturgesetz oder vermeidbarer Umstand?

Mary behauptet, dass es weit mehr Paare gebe, die ganz auf Sex verzichten, als man gemeinhin glaube. »Und wenn es für beide erträglich ist, warum nicht?«

Tatsächlich weisen neuere Studien darauf hin, dass die Sexualität in der Beziehung an Bedeutung verliert. Das Bedürfnis nach Liebe, Intimität und Partnerschaft rückt immer mehr in den Vordergrund.

Trotzdem ist es für viele Menschen nicht »normal«, asexuell zu leben – selbst wenn sie es vorübergehend oder dauerhaft tun. Viele fühlen sich nicht wohl damit, und manche Paare erleben den fehlenden Sex in ihrer Beziehung als Verarmung.

Genügend Paare beweisen, dass Alltag und Erotik einander nicht ausschließen. So hat der populäre Bestsellerautor Mary zwar seine Anhänger unter den Kollegen, aber auch eine Menge Gegner. Die leugnen Marys These von dem Verschwinden der Lust nicht, sie interpretieren sie aber anders. Wenn etwas massenhaft und häufig vorkomme, so Wolfgang Schmidbauer, sei es noch lange nicht normal. Es gebe Paare, die durchaus über viele Jahre hin in einer erotisch aktiven Beziehung leben könnten, andere könnten das eben nicht. Paartherapeut Jürg Willi sagt, es gebe eine Sehnsucht nach beidem: nach der Lust der Eroberung und nach der Erotik des Vertrauens, beide Sehnsüchte seien nie in Deckung zu bringen. »Auch wenn sich die Körper treu bleiben, der Fantasie gelingt es nicht.«

Doch auch Willi ist überzeugt davon, dass Erotik in Langzeitbeziehungen eine Chance hat. Voraussetzung dafür sind Freiheit und Abgrenzung, eine gewisse Aggressivität, gutes Streitverhalten, keine Angst vor Konfrontationen.

Vielleicht ist der Sex im Laufe der Jahre nicht mehr so brennend heiß, dramatisch und geräuschvoll wie zu Beginn. Vielleicht begehrt man weniger, was schon erobert ist. Doch langjährige Partner haben keine Hemmungen mehr voreinander, sie vertrauen einander. Und wenn sie keine Lust auf Sex haben, vertagen sie ihn eben.

Das größte Gift für Eros ist genau das, was die meisten Menschen, vor allem aber Frauen, sich wünschen: Harmonie. Bei zu viel Harmonie, Nähe und Friedfertigkeit stirbt die Erotik. Ergebnis: Man lebt abstinent oder hält Ausschau nach einem neuen Partner.

Amouren
oder Die Freiheit nehm ich mir

Zum Beispiel Doris Dörries Kinostück »Nackt«. Da langweilen sich drei Yuppie-Pärchen um die dreißig, gut aussehend und kinderlos, mit beziehungskritischem Geplänkel bei einem Abendessen. Ein dämliches Partyspiel kommt auf, mit dem solche Abende erfahrungsgemäß ihre schlimmstmögliche Wendung nehmen.

Zwei der Paare sollen sich nackt ausziehen und einander mit verbundenen Augen betatschen – in der Annahme, die jeweiligen Partner würden einander nicht erkennen. Der Abend endet schließlich als Tableau zweifelhafter Einsichten und Erkenntnisse über Liebe, Sex, über Irrungen und Wirrungen.

Ein vergnügter Slogan lautet: »Sex ist, wenn man trotzdem lacht.« Nun, viel gelacht wird nicht. Jedenfalls nicht im Ehebett.

Auch junge Paare klagen über die Unergründlichkeit der Erotik. Sie verabschiedet sich so überraschend, wie sie gekommen ist, auf sie ist kein Verlass, sie ist eine Herumtreiberin. Sie ist flüchtig wie ein Lufthauch, und in der Ehe, so scheint es, sind ihre Überlebenschancen minimal. Dabei weiß niemand so recht, ab wann es ernst wird.

Man lebt freundlich und aufregungslos miteinander und geht abends mit dem Hund spazieren. Währenddessen wächst die Sehnsucht und die Gier nach einer Sexualität, die aus dem Spiel mit der Fremdheit, mit Macht und Ohnmacht entsteht. Der Ehefrieden strebsamer Mittelständler mit Spitzengardinen, Gartenpartys und Schlafzimmerfrust eignen sich vorzüglich als Nährboden für aushäusige Projektionswelten.

Früher waren die Verhältnisse übersichtlicher: Für Frauen galt ein absolutes, für Männer ein eingeschränktes Treuegebot, man sah die Ehe pragmatisch, Erotik war nebensächlich und die Liebe noch gar nicht erfunden. Seit dem 18. Jahrhundert entstand jedoch »nach und nach ein Eheideal, das es den Ehegatten zur Pflicht macht, einander wie Verliebte zu lieben oder wenigstens so zu tun«, wie der französische Historiker Philippe Ariès in seinem Buch »Geschichte des privaten Lebens« schreibt.

Seither hat sich einiges geändert, die Liebe ist ein Kind der Freiheit, und nur so zu tun, als liebe man, ist nicht mehr zeitgemäß.

Man nimmt sich einen Liebhaber und amüsiert sich, so gut man kann. Manchmal offen, manchmal heimlich. Man tut es, man genießt es, und häufig spricht man auch darüber. Prüde ist ja heute keiner mehr.

Und Frauen haben aufgeholt. Gemäß Kinsey Report gehen heute 65 Prozent der verheirateten Frauen mindestens einmal in ihrem Leben fremd. 1953 waren es noch 26 Prozent. Manchmal bleibt der Seitensprung nicht ohne Folgen: Ärzte schätzen, dass in Deutschland pro Jahr rund 7000 Kinder zur Welt kommen, die einen anderen Vater haben als vermutet. Seit die Zahl bekannt ist, erleben Vaterschaftstestlabors einen Boom. Und dieselben Evolutionsbiologen, die vorher die Monogamie der Frauen mit mütterlichem Sicherheitsdenken verklärten, kommen jetzt mit anderen Deutungen: Offenbar holen sich die Frauen das Sperma lieber bei einem Rambo, als Ehemann und sozialen Vater bevorzugen sie aber einen solventen Langweiler.

Der Seitensprung wird zwar verheimlicht, ist aber ein beliebtes Thema der Kulturgeschichte. Und zwar schon sehr lange. Tatsächlich kannten bereits die Götter des Olymp keine eheliche Moral. Zeus bestach durch seine amouröse Betriebsamkeit und wählte höchst fantasievolle Verwandlungen, um möglichst viele sterbliche Wesen zu begatten. Diese Mythen dienen den Griechen noch heute zur Rechtfertigung der eigenen Sinneslust.

Süße Kirschen in Nachbars Garten
Emma Bovary und Effi Briest

Geschichten vom Fremdgehen sind reizvoll, setzen sich über Grenzen hinweg und bringen Unruhe und anarchisches Chaos in eine vermeintlich fest gefügte Ordnung. Tatsächlich wären Kunst und Literatur um einiges ärmer ohne lasterhafte Liebschaften. Ohne Treuebruch keine Medea und keine Wahlverwandtschaften, keine Madame Bovary, Anna Karenina oder Effi Briest.

Die Untreue ist im Boulevardtheater, in der Operette und in vielen Vorabendserien zu Hause – kaum mehr nachvollziehbar, wie viele Betrogene und Betrügende allein in der Langzeitserie »Lindenstraße« herumgeistern.

Madame Bovary schluckte Arsen, Effi Briest starb an gebrochenem Herzen, Anna Karenina ließ sich von einer Dampflok überrollen. Solche Reaktionen sind heute eher selten. Die Frauen haben aufgeholt, jedenfalls in der westlichen Welt. Aus Verstoßenen und Dulderinnen des Ehejochs wurden gleichberechtigte Partnerinnen, von denen demutsvolle Unterwerfung nicht mehr zu erwarten ist. Frauen stellen Ansprüche, auch sexuell. Und häufig sind sie es, die in einer Art radikalen Gefühlsökonomie ihre Männer verabschieden, wenn sie in der Ehe sexuell unzufrieden sind.

Besonders jüngere Frauen erwarten von der Ehe Lust. Und wenn sie sie dort nicht finden, suchen sie sie eben woanders. »Lust, Spaß, Leidenschaftlichkeit«, sagt eine Ehefrau, »erlebte ich immer nur mit anderen Männern.«

Heute ist sie ratlos. »Was mir nicht klar ist: Warum wurde unsere Sexualität irgendwann so mickrig? Geht es anderen genauso?«

Möglich. Wobei ehelicher Frust keineswegs der Auslöser für eine Liebschaft sein muss. Die Gründe für den Seitensprung sind vielfältig, und zu seiner Ehrenrettung muss man sagen: Er ist demokratisch, geht durch alle Schichten, ereignet sich auf Wochenendtagungen, in Kurhallen, bei Betriebsausflügen, er belebt die Konjunktur.

Auch in europäischen Königshäusern wird die körperliche Befreiung leidenschaftlich gesucht (die geistige vielleicht auch), und die aristokratischen Turbulenzen sowie das Treiben von Popstars und Schauspielern belegen nachdrücklich immer wieder, wie schnell gerade bei reichen, schönen Menschen Monogamie zur Monotonie verkommen kann und somit zu kleinen oder größeren Fluchten verführt.

Auch die Medien sind gern dabei und berichten voller Häme oder geheuchelter Anteilnahme vom erotischen Totalschaden. Seitensprünge sind auch nicht mehr, was sie einmal waren. Man tut es, man genießt es, und man spricht darüber. Im Fernsehen dominieren Sextalks und intime Beichten von Ludern und Laffen aller Art.

Schreckens-Beispiele der jüngsten Geschichte: Dieter Bohlens und Stefan Effenbergs erotische Ergüsse. Offenbar kommt der unverstellte Vulgärmachismo bei einigen jungen Männern gut an – »wenn du Geld hast, kannst du dir mit den Tussis alles erlauben, da machen sie keine Zicken«, sagte ein 18-jähriger Bohlen-Fan bei dessen Buchpräsentation –, aber vielleicht sollte man es auch im Bereich des Pubertären belassen und ansonsten gütig den Mantel des Schweigens über beider Bekenntnisse legen.

Effenberg und Bohlen sind von einem Mann wie, sagen wir mal, Rhett Butler weiter entfernt als die Erde von der Sonne. Männern, die so viel Rummel ums Rammeln machen, ist grundsätzlich zu misstrauen. Man macht nicht so viel Gewese um Sachen, in denen man wirklich gut ist.

Doch abgesehen von diesen beiden Wichtigtuern, ja, die außerpartnerschaftliche Affäre hat Konjunktur, im wirklichen Leben, im alljährlichen Karneval sowieso und seit geraumer Zeit auch auf dem Buchmarkt. In seinem Werk *»Monogamie, aber drei sind ein Paar«* stellte der Engländer Adam Philipps die Frage: »Warum eigentlich halten wir Monogamie für selbstverständlich, und wie gehen wir mit unseren unerlaubten Wünschen um?«

Großzügig, möchte man antworten, ausgesprochen großzügig. Vergessen ist Ovids weise Empfehlung an die römische Jugend: »Treibt euer Spiel, doch es decke bescheidene Heimlichkeit, was ihr fehltet.«

Triebe, Treue und Zensur

Von wegen bescheidene Heimlichkeit. Laut Umfragen in den 90er-Jahren outen sich 38 Prozent der Frauen und 42 Prozent der Männer freimütig als Seitenspringer, andere Statistiken künden von beunruhigenden 64 Prozent bei den Frauen beziehungsweise 73 Prozent bei den Männern.

»Seitensprünge aus dem Prospekt: alles käuflich, alles erlaubt, alles halb so schlimm, alles klar, alles schon irgendwie okay. Es herrscht ein furchtbarer Mangel an Stil und Raserei, keine Heimlichkeiten, keine glühenden Gedanken«, klagt der Münchner Schriftsteller Joseph von Westphalen. Stilverlust? Raserei?

»Treue? Lächerlich. Jedem sollte erlaubt sein, das zu tun, was er will – verheiratet oder nicht«, sagt die Schauspielerin Shirley McLaine. Und ihre schöne Kollegin Michelle Pfeiffer bekennt: »Ich bin für die offene Ehe. Alles andere ist heute nicht mehr zeitgemäß.«

Aber was ist Untreue eigentlich, wann beginnt sie? Beim ersten tiefen Blick in fremde Augen, wie neun Prozent Frauen und fünf Prozent Männer glauben? Bei einem Flirt, wie immerhin 79 Prozent der 18- bis 25-Jährigen meinen? Bei einem lediglich auf Triebabfuhr gerichteten schnellen Bordellbesuch, auch wenn diese Ansicht etliche Herren übertrieben streng finden? Kann man nach harmloser Küsserei schon von Untreue sprechen oder erst nach vollzogenem One-Night-Stand?

Wer liebt hat Recht – ein fortschrittlicher Standpunkt, den man sich allerdings nur in westlichen Zivilisationen leisten kann. Immer schon hat es Treuebrüche gegeben, die Gesellschaften gingen und gehen bis heute unterschiedlich damit um. In Pakistan etwa, wo Frauen wie Menschen zweiter Klasse behandelt werden, stieß ein Ehemann seiner Frau eine glühend heiße Eisenstange in die Vagina, weil er sie der Untreue verdächtigte.

Wenn ein Pakistaner seiner Frau überdrüssig ist, braucht er sie nur anzuschwärzen, sie habe Ehebruch begangen. Die Last des Gegenbeweises liegt bei ihr. Mehr als die Hälfte aller weiblichen Gefangenen in den Gefängnissen Pakistans wird der Sina bezichtigt, des Verstoßes gegen die sittlichen Gebote des Landes. Die Verhältnisse in Iran oder in vielen anderen Teilen der Welt sind ähnlich katastrophal. In Nordalbanien legen die Brautväter bis heute symbolisch einen Dolch oder eine Pistole zur Mitgift ihrer Töchter – der Schwiegersohn hat ein Anrecht auf eine gehorsame Ehefrau, ihr Seitensprung kann ihre Ermordung nach sich ziehen. Doch auch in einigen US-Bundesstaaten gilt Ehebruch als Verbrechen. In Massachusetts, woher die umtriebigen Kennedys kommen, wird Ehebruch mit einer Geldstrafe in Höhe von zehn Dollar geahndet.

Wenn Frauen lieben, lieben sie heftig, Männer haben zwischendurch zu tun

In der westlichen Welt führt paradoxerweise gerade der Treuebruch, der meist im Verborgenen geschieht, zu ausgiebigen öffentlichen Erörterungen, Bekenntnissen, Beichten und hitzigen Debatten. Es herrscht ein ausgeprägtes Bedürfnis, über diese Dinge zu sprechen, wenn auch nicht gerade mit dem eigenen Partner.

Die Logik ist dabei sehr unterschiedlich zwischen den Geschlechtern. Männer argumentieren häufig nach dem Motto: »Eigentlich bin ich treu.« Genauer nachgefragt, heißt es dann bei einem verheirateten Personalchef:

»Wer beruflich in einer engen Jacke steckt, in der nur bestimmte Bewegungen möglich sind, braucht irgendwo einen Ort, wo er alles machen und die Sau rauslassen kann.«

Ein 30-jähriger Grafiker erklärt: »Ich bin verführbar, wie alle Männer, das ist normal. Aber wenn meine Freundin mich betrügt, fliegt sie sofort raus.«

Frauen sind in der Regel weniger zynisch, sie sind aufrichtiger und naiver und natürlich – wie könnte es anders sein – auch bei ihren Affären meist unverbesserliche Romantikerinnen. Häufig geht es ihnen überhaupt nicht um Sex, sondern um Nähe, um Intimität. Sie wollen mit den Männern reden, womöglich Gedichte zitieren, vor dem Geschlechtsakt Duftkerzen anzünden. Das alte Lied: Wenn Frauen lieben, lieben sie heftig. Männer lieben auch, haben aber zwischendurch zu tun.

Da für viele Frauen ihre Beziehung der Fixpunkt ihres Daseins ist, bedeutet das, dass ein Seitensprung schwer wiegt. Schließlich geht es um einen Mann, es geht um Sex. Es ist nicht so, als ob man mal eben ein Fischbrötchen isst.

Männer, so haben Untersuchungen ergeben, sind immer noch routinierter als Frauen im Fremdgehen und Flunkern. Und dabei wenig wahrhaftig mit sich selbst. Die gängigsten Ausreden sind: »Ich muss meine Frau belügen, sie würde die Wahrheit nicht ertragen« oder »Ich weiß nicht, warum sie sich so aufregt. Diese Affäre bedeutet mir nichts.«

Gewiss wäre es für diese Männer indiskutabel, eine entsprechend unbedeutende Affäre ihrer Gattin zu tolerieren. Denn erstens, so vermuten sie grollend, haben Frauen keine unbedeutenden Affären (stimmt meistens), zweitens erwartet die Ehefrau Eifersucht und würde Toleranz geradezu beleidigend finden (stimmt meistens), und drittens kann kein Mann zulassen, dass in seinem Revier gewildert wird (stimmt immer).

Wer liebt muss lügen

Affären sind voraussehbar, ihr Ablauf jedenfalls ist es, lässt der Schriftsteller Julian Barnes sinngemäß einen seiner Helden in dem Roman »Darüber reden« sagen.

»Anbändeln, Abschleppen, Abkühlen, Abstürzen. Immer derselbe trostlose dünne Handlungsfaden. Trostlos. Doch deshalb nicht weniger suchtbildend. Nach dem Reinfall das Streben nach dem nächsten Reinfall. Auf ein Neues.«

Die Menschen, so scheint es, sind zwar zur Liebe fähig, aber zeitweilig eben auch triebhaft wie Bonobo-Schimpansen. Nur plagen sich Tiere weit weniger mit Eifersucht, Wut und Verlustängsten herum als Menschen. Der Seitensprung zeigt, dass das Glück des einen das Unglück des anderen sein kann. Affären korrumpieren – man belügt den Partner, meist auch sich selbst, man feiert narzisstische Orgien, trotz des schlechten Gewissens, das man hat. Denn man weiß natürlich: Die Affäre ist in gewisser Weise ein Verrat am anderen.

»Die Psyche ist barbarisch organisiert«, findet Schriftsteller Joseph von Westphalen. »Etwas so Heiteres und Wichtiges und Würdiges, etwas so Notwendiges wie gelegentliche Sprünge ab von der festgelegten Bahn in Greisenalter und Tod, etwas so Harmloses wie ein Nachmittag auf einer Sommersonnenwiese soll einen so abscheulichen Wolkenwust von aufgetürmten Konflikten zwangsläufig nach sich ziehen?«

Leider ja.

Wer liebt, muss lügen, behauptet Fachmann Wolfgang Schmidbauer in einem Interview mit der Hamburger Wochenzeitschrift *Die Zeit*. Es sei besser, die Affäre zu verheimlichen, um die Intimsphäre des Partners zu schützen. Schmidbauer sieht das so: »Am schönsten ist der liebende und völlig durch mich zufrieden gestellte Partner. Am zweitbesten ist der liebende Partner, der deshalb zufrieden gestellt ist, weil er sich anderswo holt, was er von mir nicht bekommt. Am drittbesten ist der liebende, jedoch unzufriedene Partner. Und am schlechtesten ist der Partner, der konkret lieblos, abstrakt im Namen der Liebe, sein Elend zum Vorwurf macht, ohne imstande zu sein, sich anderswo zu holen, was ihn befriedigen könnte.«

Übersetzt heißt das so viel wie: Jeder ist sein Glückes Schmied, übernimm Verantwortung für deine sexuelle Erfüllung und dann – tu, was du willst.

Wahr ist jedenfalls, dass die vielfach idealisierte Offenheit zu Geständnissen führt, die sehr verletzen können. Tatsächlich, da sind sich nahezu alle Psychotherapeuten einig, ist der entdeckte sexuelle Betrug eine tiefe Kränkung an Seele, Geist und Körper; archaische Gefühle brechen hervor, trotz oder gerade als Folge einfühlsamer Gespräche. Der Gedemütigte windet sich in altmodischer Herzensqual, er sieht die gemeinsame Intimität verraten, das Treueversprechen gebrochen.

»Es entsteht insgesamt eine Situation der Lüge, selbst wenn der ›Untreue‹ ausdrücklich und verbal niemals lügt. Aber der Partner wird in einem wesentlichen Punkt des Zusammenlebens getäuscht«, konstatiert der Paartherapeut Hans Jellouschek. Und manch einer, der eigentlich nur einen kleinen One-Night-Stand wollte, täuscht sich in sich selbst und segelt, kaum dass er sich's versieht, in eine länger andauernde Geschichte hinein. Und ist unter Umständen in kürzester Zeit so verstrickt, dass er bereit ist, seine Familie in die Luft fliegen zu lassen, die Kinder zum Mond und den Ehepartner zum Teufel zu schicken. Für rund 58 Prozent aller verheirateten Frauen und Männer ist laut Statistik der Seitensprung ein Trennungsgrund, in einer älteren soziologischen Studie gaben 53 bis 67 Prozent der Betrogenen an, sie hätten ihre Selbstsicherheit und ihr sexuelles Selbstbewusstsein verloren. Manch einer hat dabei ein neues gefunden, auch das kommt vor.

Aber häufig kommt es zur Trennung, und die kann wehtun.

Scheiden tut weh

Zwei Drittel aller Scheidungen werden laut Statistik von den Frauen eingereicht. Für die nicht ehelichen Partnerschaften, die auseinander gehen, gibt es keine zuverlässigen Erhebungen, aber es ist anzunehmen, dass es auch hier die Frauen sind, die ihren Männern die Beziehung aufkündigen. Frauen sind ausgesprochen rigoros in ihrer Gefühlslogik: Sie jammern, sie klagen, sie nörgeln, mal laut, mal leise. Bis es ihrem Mann zu bunt wird und er finster vor sich hin starrt wie Hagen in der Götterdämmerung.

Oder die Frauen verbreiten leisen Gram und Ablehnung, leiden stumm und fressen ihren Ärger in sich hinein. Eines Tages explodieren sie dann mit überraschender Härte und Endgültigkeit, und die Männer sehen sich fassungslos vor einem Riesenscherbenhaufen. »Ich dachte immer, es geht um eine Auseinandersetzung, ich dachte, wir führen eine faire Diskussion«, erklärt ein geschiedener Mann. »Als sie die Scheidung eingereicht hat, habe ich begriffen: Für sie waren all diese Streitereien und Debatten in unserer Ehe existenziell. Ich stand die ganze Zeit auf dem Prüfstand. Und sie empfand mich letztlich als ungenügend.«

Auch wenn die Männer häufiger verlassen werden – unter den Folgen der Trennung leiden beide, Männer wie Frauen. Den Trennungsschmerz muss auch der aushalten, der sich entschieden hat zu gehen. Ob er sich darüber im Klaren ist, ist eine andere Sache.

Natürlich kann man seine Familie verlassen, weiß die Berliner Psychotherapeutin Eva Jaeggi, und es passiert ja auch ständig. Aber selten, so Jaeggi, werde sie – sofern Kinder da sind – ohne große Dramatik verlassen, »ohne dass alle Parteien sich schwer geschädigt fühlen, am meisten natürlich die Kinder«.

Doch auch die Kränkungen zwischen den Partnern

können sehr wehtun und oft lange nicht überwunden werden. Denn bei Trennungen verliert man immer ein Stück gemeinsame Geschichte und damit auch ein Stück der eigenen Identität. Bei manchen Menschen dauert es lange, bis sie wieder ein sicheres Gefühl für die eigene Identität entwickeln, so Jaeggi.

Je länger die Beziehung gedauert hat, desto verletzter reagieren Partner, desto schwerer tun sie sich, den Bruch zu verarbeiten – auch wenn sie versuchen, sich darüber hinwegzutäuschen und sich Hals über Kopf neu verlieben. Eine neue Liebe tut gut, aber wenn man die vorangegangene Trennung nicht wirklich verarbeitet hat, ist die Gefahr, dass auch sie scheitert, groß.

Zu Trennungen kommt es oft zwangsläufig, und letzten Endes hat das auch sein Gutes, denn schlechte Partnerschaften schwächen das Selbstgefühl der Beteiligten. Menschen, die sehr früh eine Beziehung eingegangen sind, und solche, die viel Eigenständigkeit geopfert haben, tun sich mit der Bewältigung einer Trennung am schwersten.

Trennung und Neuanfang

Es ist unwürdig, den anderen mit Rachegedanken und Groll zu verfolgen. Nach einer Trennung besteht kein Grund, den gesamten gemeinsamen Lebensabschnitt auf den Müll zu werfen und alles zu entwerten, was man mit dem anderen erlebt hat. Jede Beziehung hinterlässt auch Gutes, Erinnerungswürdiges. Frauen neigen dazu, im Nachhinein nicht nur den anderen, sondern auch sich selbst zu geißeln.

»Wäre er gestorben, wäre es leichter für mich«, erzählt Maria, 37, die die Scheidung eingereicht hatte, nachdem sie dahinter gekommen war, dass ihr Mann sie betrogen hatte. »Ich fühlte mich alt, hässlich, unattraktiv. Ich hoffe, mein Selbstbewusstsein kommt wieder auf die Beine.«

Verlassen zu werden ist eine schlimme Sache, eine Kränkung, eine Demütigung. Manche Männer laufen Amok und werden sogar gewalttätig, andere laufen monatelang umher wie erstarrt. Frauen werden seltener gewalttätig, eher depressiv. Sie sitzen kraftlos herum, blasen ausgiebig Trübsal und quatschen Freunden die Ohren ab. Das ist alles wichtig und richtig, nur nicht als langfristiges Bewältigungsprogramm.

Es gibt bessere Methoden, mit Trennung umzugehen. Hilfreiche Tipps dazu stehen in jeder Frauenzeitung: Igeln Sie sich nicht zu Hause ein, gehen Sie raus, und unternehmen Sie was. Treffen Sie Ihre Lieblingsfreundin. Gehen Sie ins Kino. Schreiben Sie Tagebuch. Gehen Sie joggen oder schwimmen oder zur Kosmetikerin. Sagen Sie sich jeden Tag zehn Mal: »Trennungen gehören zum Leben dazu.«

Diese Tipps mögen banal klingen, aber sie zu befolgen, kann nicht schaden. Betriebsamkeit lenkt ab. Oft aber reicht ein solcher Zeitvertreib nicht aus, um die innere Balance wiederherzustellen. »Nichts stellt die Selbstachtung nach einer Scheidung so schnell und gründlich wieder her wie eine Liebesaffäre«, sagt die amerikanische Psychologin Judith Wallerstein. So ist häufig zu beobachten, dass vor allem Männer, aber auch

Frauen sich nach einer gescheiterten Beziehung in ein neues Abenteuer stürzen. Hoffnungsvoll schließen Menschen jeden Alters mit wechselnden Partnern den Bund der Ehe, unerschütterlich scheint er zu sein, der Wunschtraum von der einzigen Liebe, die der Ehebund heiligen soll.

Und wenn sich der großzügige Treueschwur auch beim zweiten Mal nicht halten lässt, wenn einen kleine und große Fluchten plötzlich hinaustreiben aus als zu eng empfundenen Verhältnissen, na und? Ein Leben, viele Ehen, was soll daran verkehrt sein?

Vorbilder sind nicht nur internationale Stars wie Elizabeth Taylor, die sich insgesamt acht Mal neu verbandelte, auch Bundeskanzler Gerhard Schröder und Außenminister Joschka Fischer verheirateten sich unverdrossen wieder und wieder.

Ein Neubeginn mit einem anderen Partner muss ja auch nicht verkehrt sein, birgt er doch die unbekümmerte Zuversicht, dass es diesmal klappt.

Dieses Vertrauen und diese Unbekümmertheit in sich wiederzufinden setzt allerdings eine konstruktive Trennung voraus, und die, konstatieren Experten, schaffen nur die wenigsten Paare.

Jeder Scheidung oder Trennung geht ein Prozess voraus, den das Paar unter Umständen völlig unterschiedlich erlebt. Den meisten Menschen fällt schon die Phase der »Entidealisierung« schwer, die Zeit der zwangsläufigen Entzauberung, die jede Beziehung ereilt, und zwar schon bald nach der ersten Zeit der Verzückung. Ein Paar muss damit rechnen und aushalten, dass es sich wechselseitig enttäuscht, dann wiegen diese Enttäuschungen nicht gar so schwer. Auch einseitige Entwicklungen können das Zweisamkeitsgefüge gefährden: Wenn einer sich entwickelt, der andere aber lieber weitermachen will wie bisher, kann es zu schweren Auseinandersetzungen kommen. »Die Durchschnittstoleranz entscheidet über das Schicksal einer Ehe, nicht die Höhenflüge«, stellt Wolfgang Schmidbauer nüchtern fest. Ist diese Toleranz nur wenig entwickelt, kracht es früher oder später.

Die Vortrennungsphase ist durch ambivalente Gefühle, Streitereien oder distanziertes, eisiges Schweigen geprägt. Die Balance von Geben und Nehmen stimmt nicht mehr, man fühlt sich genervt, allein gelassen oder gar verraten. Halbherzige Versöhnungsversuche folgen, die keine Besserung bewirken. Die Kinder fühlen sich mulmig in dieser Phase, sie wissen nicht genau, was los ist, und bekommen keine vernünftigen Antworten, wenn sie fragen. Vor Kindern, vor allem vor kleinen Kindern wird das Drama der Entfremdung so lange wie möglich geleugnet.

Nicht selten beginnt ein Partner in dieser Phase der Unzufriedenheit eine Außenbeziehung, die das Scheidungsdrama ins Rollen bringt.

Und dann beginnt ein mörderischer Kleinkrieg, noch bevor es zum endgültigen Bruch kommt: Der andere wird – ungeachtet der früheren Begeisterung, die man für ihn hegte – gnadenlos entwertet, ihm wird alle Niedertracht der Welt unterstellt, er ist der Sündenbock, während man selbst versucht, sich als Unschuldslamm aus der Beziehung zu retten.

Verletzungen fürs Leben

Analytiker Schmidbauer beobachtet bei Männern bizarre Verleugnungsmechanismen, gerade wenn es zu Trennungen kommt. Er erlebt immer wieder, dass Männer schlicht ignorieren, dass ihre Frau sie verlassen hat. »Sie tun einfach so, als sei die Frau nur vorübergehend ausgezogen, auch wenn die längst einen neuen Freund hat.«

Weil Trennungen für Männer und Frauen einen dramatischen Einschnitt darstellen, werden sie häufig auch vermieden. Weil Paare heute so abhängig voneinander sind in ihrer gegenseitigen narzisstischen Stabilisierung, erklärt Schmidbauer, bleiben sie oft in einer Art destruktiven Balance beieinander, auch wenn sie sich nur noch entwerten und gegenseitig fertig machen.

»Man denkt immer«, erklärt der Therapeut, »was die Menschen aneinander suchen, sei die Sexualität. Das ist eine Illusion. Viele suchen vor allem Halt, Bestätigung, Sicherheit. Wenn es darum geht, Sex oder Sicherheit, opfern die Menschen eher den Sex, keinesfalls die Sicherheit.«

Dennoch lebt eine ganze Industrie von unaufhaltsamen Beziehungsabstürzen. Rechtsanwälte, Mediatoren, Therapeuten, Ärzte, Anwälte. Sie versuchen Männer wie Frauen dabei zu unterstützen, sich einigermaßen »anständig« zu trennen, sie sehen klarer als die Betroffenen: Trennungen gehören zum (Liebes)leben dazu, und wer aufbricht, um eine neue Beziehung einzugehen, sollte sich erst mal »umdrehen« und seine Verbindung

»befriedet« hinter sich lassen. Modernen Beziehungsneurotikern will das nicht so recht gelingen. Oft hinterlässt eine Trennung Verletzungen fürs Leben, und es lohnt sich, die genau anzuschauen.

»Aufarbeiten« nennen die Psychologen diesen mühsamen Prozess. Radikale Verdrängung ist die beliebtere Methode, wobei Verdrängtes uns bekanntlich wieder einholen kann: Erweist sich der Bund des Lebens als Teilzeit-Arrangement, macht man sich auf zum nächsten Lebensabschnitt-Gefährten. Die Experten warnen: Mag sich das Beziehungskarussell auch munter weiterdrehen, Trennungen sind meistens komplizierter, als es zunächst den Anschein hat. Und sie wirken hinein bis in die nächste Beziehung – emotional und materiell.

Neue Liebe mit Kind

Man hat sich getrennt, innerlich wieder aufgerappelt, man ist umgezogen mitsamt den Kindern, man lernt wieder jemanden kennen, und er hat ebenfalls Kinder. Neue Liebe, neues Glück?

Die so entstehenden neuen Verbindungen, im Soziologendeutsch gern auch »postfamiliale Familien« genannt, sehen so aus: Ehe ohne Trauschein; mit oder ohne Kinder, Alleinerziehende mit Kindern, Geschiedene in Fortsetzungsfamilien mit oder ohne Partner, mit neuen Kindern und etlichen Großeltern. Bunt. Vielfältig. Lebendig. Belastet mit Vergangenheit.

»Beziehungen zweiter Klasse« nennt die Hannoveraner Mediatorin und Buchautorin Doris Früh neue Partnerschaften nach einer Ehe, denn Verpflichtungen der ersten Familie gegenüber behinderten die Entfaltung der neuen Liebe erheblich. Im Fernsehen geht es in so genannten Patchworkbeziehungen zwar turbulent, aber doch ausgesprochen harmonisch zu. In Wirklichkeit fordern diese Arrangements allen Beteiligten eine enorme Großzügigkeit und Reife ab, die sie häufig überfordert. »Im Schatten der Ersten. Partnerschaft mit einem geschiedenen Mann« heißt das Buch von Doris Früh, in dem sie vor allem das Verhalten von Frauen analysiert.

Früh: »Die modernen Beziehungsfreiheiten haben Folgen: Es werden Familienschaften gegründet, neben Möbeln bringen die Leute Kinder, Exehepartner, Exschwiegereltern, Zahlungsverpflichtungen mit den Umzugskisten in die neue Wohnung.« Alle sind dabei in praktischer und emotionaler Hinsicht betroffen.

Die Privatheit der neuen Partnerschaft ist in gewisser Weise aufgehoben, weil man alles preisgeben und offen legen muss, dazu kommen Termine und Planung der Wochenenden, Feiertage und Urlaube. Alles muss permanent zwischen neuer Verbindung und Exfamilie abgesprochen werden.

Männer, so Früh, bezeichneten ihre Exfrauen als Parasiten, die jeweiligen Zweitfrauen stünden auf dem Standpunkt, dass die erste Ehe keine Lebensversicherung sein dürfe. Tatsächlich hat Früh in ihrer Berufstätigkeit beobachtet, dass das Verhalten mancher Exfrau eine bewusste Form der Zerstörung des neuen Glücks des Mannes darstellt – »mit allen Mitteln, finanziellen Forderungen und Machtspielchen um die Kinder«.

Wenn er mit mir nicht glücklich war, soll er es auch nicht mit einer anderen sein, so die Einstellung vieler Exfrauen – selbst wenn sie ihren Verflossenen um keinen Preis der Welt zurückhaben wollen. Es ist eine Frage der Zeit, wann Zweitfrauen unter diesen Umständen unzufrieden, depressiv oder aggressiv werden – spätestens, so Früh, wenn sie ihre Träume von Eheschließung und eigenen Kindern begraben müssen.

Die absurden Manöver, die viele Frauen veranstalten, fallen früher oder später selbstschädigend auf sie zurück, vor allem, wenn sie ihren Kindern den leiblichen Vater vorenthalten und diesen ausgrenzen. Ein konsequenter Umgangsboykott mit entsprechender Herabsetzung des anderen, warnen Experten, stürzt ein Kind in Loyalitätskonflikte, beeinträchtigt sein Selbstbewusstsein nachhaltig und auch seine eigene Beziehungskompetenz.

Kinder müssen ihre Eltern als Team erfahren, auch nach der Trennung, fordern Experten. Kinder müssten erleben, dass die Getrennten sich austauschen, wertschätzen, respektieren.

All das sei nötig, um später selbst ein verlässlicher Beziehungspartner zu werden und nicht als chronisch gestörter Narziss sozial zu verelenden.

Ausgrenzende Mütter und Väter, die über Beleidigungen nicht hinwegkommen, werden spätestens dann üblen Stress erleben, wenn ihr Kind in die Pubertät kommt, prophezeien Psychologen, sie erleben mitunter sogar die völlige Abkehr des Kindes.

Die Pubertät ist die Zeit, in der Teenager normalerweise ihre Eltern ent-idealisieren, mit allen bekannten, oft wenig erfreulichen Begleiterscheinungen.

Wie aber soll sich ein Kind lösen, das eine Mutter nach der Scheidung total an sich gebunden hat? Häufig falle das Kind ins Bodenlose, hat Psychoanalytiker Schmidbauer beobachtet, es müsse die Beziehung zur Mutter regelrecht kaputtmachen, um sich zu befreien.

Viele Frauen investieren mitunter viel Zeit, Energie und Gefühle, um ihrem Ex das Leben zur Hölle zu machen. Auch eine Art, sich das eigene Leben gründlich zu versauen. Woher kommt nur diese Kleinherzigkeit? Warum fällt es vielen Frauen so schwer zu sagen: Nun habe ich schon diese Ehe nicht hingekriegt, jetzt werde ich wenigstens mein Bestes geben, um die Trennung mit Anstand über die Bühne zu bekommen. Woher rührt dieser Mangel an Charakterfestigkeit und gutem Willen?

Vielleicht ist es schon ein Anfang, wenn Frauen sich klar machen, wie sehr sie sich mit ihrem destruktiven Verhalten selbst schaden. Und wenn Frauen anderen Frauen derart fieses Benehmen nicht mehr so einfach durchgehen lassen.

Denn zu Solidarität besteht weiß Gott kein Grund – keine Liebesenttäuschung rechtfertigt dauerhaften Groll und Rachegefühle. Ganz zu schweigen, was dieses kleinmütige Verhalten bei den Kindern für Folgen zeitigt.

Die Botschaft, die Schmidbauer nicht müde wird zu wiederholen, lautet: Mütter und Väter, die die andere Bezugsperson des Kindes eliminieren, schädigen sich selbst und das Kind nachhaltig. Verwandte und Freunde, die gegen den oder die »Ex« hetzen, werden zu Komplizen in einem destruktiven Prozess.

Schmidbauer rät zu einer Art Arbeitsverhältnis nach der Trennung: Selbst wenig Kontakt sei viel, viel besser als gar kein Kontakt. Der abwesende Elternteil sollte auf Stand-by schalten, verlässlich erreichbar sein über Telefon oder E-Mail, regelmäßig Geburtstagsgeschenke schicken, Urlaubsangebote machen, dann werde sich der Kontakt zum Kind im Lauf der Zeit durch wieder wachsendes Vertrauen verbessern.

Sorgt eine liebende Mutter sich am Ende nicht auch um das Wohl ihres Kindes?

8. KAPITEL

Männer sind Schweine. Aber Schweineherzen bluten auch.

»Männer sind Schweine – aber ich liebe sie trotzdem«, bekannte Heidi Fleiss, Amerikas berühmteste Kupplerin, die mit ihrem Callgirl-Ring prominente Männer mit Sex versorgte und dafür drei Jahre im Gefängnis saß. Als Teenager heiratete die bekennende Materialistin einen 65-jährigen Milliardär, der ihr zu ihrem zwanzigsten Geburtstag einen Rolls-Royce schenkte und sie hingebungsvoll verwöhnte.

Später beschloss Heidi Fleiss, Geschäftsfrau zu werden und baute einen Callgirl-Ring auf. Warum, so fragte man sich, nachdem der Callgirl-Ring aufgeflogen war und bekannt wurde, dass er auch von berühmten Schauspielern frequentiert wurde, müssen sich reiche und berühmte Männer attraktive Frauen kaufen? Warum bezahlen sie für etwas, das sie umsonst haben könnten?

Mal abgesehen davon, dass Männer, die berühmt sind, keine Scherereien wollen, keine Frau, die am nächsten Tag zu den Medien rennt und über die Sexnacht auspackt, dass sie gern die Kontrolle behalten und das am ehesten schaffen, wenn sie die Frauen bezahlen, abgesehen davon gibt es offenbar noch andere Erklärungen. Fleiss: »Jeder Mann ist in Bezug auf Frauen verunsichert, und daran ändern auch hundert Millionen Dollar auf dem Bankkonto nichts. Bei einem Callgirl gehen Männer auf Nummer sicher, sie können darauf zählen, dass sie Sex haben werden, keine Probleme riskieren und obendrein eine garantiert gute Zeit verbringen.«

Der Mindestsatz lag bei 1500 Dollar pro Stunde, im Schnitt, so Fleiss, gaben die Kunden rund 6000 Dollar aus, Trinkgelder lagen schon mal bei 10 000 Dollar. Die Mädchen, behauptet Fleiss, rannten ihr die Türe ein, weil sie wussten, sie konnten unglaublich viel Geld verdienen, geile Partys feiern und berühmte Leute treffen. Im Umgang mit Frauen, findet Frau Fleiss, legen die meisten Männer eine geradezu rührende Blödheit an den Tag. Sie lassen sich ausnutzen. Und die Mädchen, die für Fleiss arbeiteten? Keiften sich an und stritten viel – »Girls-Fights, tödlich für die Nerven und allcin ein Grund, nie mehr in dieses Business zurückzukehren«, verrät die geläuterte Kupplerin freimütig. Ansonsten empfiehlt sie jungen, schönen Frauen, sich in ihrer Jugend einen vermögenden Sugardaddy zu angeln: »Dann kommt man in alten Tagen besser über die Runden.«

Doch romantisch veranlagte Frauen wollen etwas anderes von ihren Männern als schnödes Geld. Sie erwarten innere Tugenden, und wenn der Mann sie nicht hat, sollte er sie dringend entwickeln.

Etwa nicht? Männer haben zunehmend den Eindruck, dass Frauen beides sein können, romantisch und geldgierig.

Patrick, 34, wohlhabender Unternehmer in Bad Honnef und gleichzeitig Teilzeit-Model für verschiedene Unternehmen, lernt immer wieder Frauen kennen, die auf schicke Autos und viel Geld abfahren. Frauen, die einen Ernährer suchen, einen, der richtig gut verdient und sich dadurch als Vater ihrer Kinder qualifiziert. Auffällig findet er, dass Frauen gerne manipulieren, um an ihr Ziel zu kommen.

Seine langjährige Bekannte, die unbedingt ein Kind will, erzählte ihm kürzlich triumphierend, sie habe ihren derzeitigen Lover bald so weit, »dass mein Wunsch auch sein Wunsch wird«. Es klang für Patrick so, als sei sie sehr zufrieden mit sich. Auf die Idee, dass sie ihren Freund mit ihrem Ansinnen vielleicht überrumpelt, kommt seine Bekannte nicht. »Der weiß doch in Wahrheit überhaupt nicht, was er will, dem muss man ein bisschen auf die Sprünge helfen«, kommentiert sie.

Warum, fragt sich Patrick, müssen Frauen immer Gas geben, was ihre Ziele angeht, warum machen sie feste Programme und Lebenspläne, die sie dann den Männern überstülpen? Derart zielgerichtete Frauen sind ihm unheimlich, er hat unangenehme Erfahrungen mit ihnen gemacht und sich lieber getrennt, wenn eine Frau begann, ihn umerziehen zu wollen.

»Männer wie ich lassen es eher ruhig angehen, ich bin leicht zufrieden zu stellen, ich liebe meine Arbeit und lebe gern. Frauen sind viel kritischer, die wollen eine perfekte Welt, die zerbrechen sich den Kopf über Dinge, das ist unglaublich.«

Seine derzeitige Freundin macht ihm immer mal

wieder Szenen wegen der weiblichen Models, mit denen er arbeitet. Sobald er erwähne, er habe sich mit einer besonders gut verstanden, wird sie hellhörig. Die Fragen, denen er sich dann stellen müsse, sagt Patrick, seien eigentlich keine Fragen, sondern Unterstellungen. Hast du sie geküsst, war die nett, sah die besser aus als ich?

Diese ständige unbegründete Eifersucht, so Patrick, führe dazu, dass er zu seinem Bedauern bestimmte Erlebnisse nicht mehr erwähnt: »Frauen tun so sensibel und machen sich dauernd Gedanken über die Liebe, ob sie ja auch genug bekommen – sie brauchen viel Beachtung und Bestätigung. Ich muss ahnen können, was meine Freundin will und wonach sie sich sehnt. Wenn sie es mir sagen muss, ist es nichts mehr wert. Immer diese Erwartungen, denen man gerecht werden muss. Entspannt ist es auf diese Weise eigentlich nicht.«

Er beschreibt an einem Beispiel das Dilemma: Seine Freundin wünschte sich, mit ihm zusammenzuziehen und sagte ihm das auch. Patrick zeigte sich bereit dazu und schlug vor, zu überlegen, wie die Wohnungssuche zu gestalten sei. Daraufhin warf seine Freundin ihm vor, das täte er ja nur, weil sie das wolle, er wolle ja gar nicht wirklich mit ihr zusammenziehen. Patricks resigniertes Fazit: »Wie man's macht, macht man's verkehrt.«

Was ist schwerer zu verstehen, eine mathematische Gleichung oder das Verhalten einer Frau? – Natürlich ist das weibliche Verhalten viel rätselhafter, denn die Logik der Gefühle ist anspruchsvoll. Frauen können einen Großteil ihres Lebens darauf verwenden, ihren Ehemann, den sie ja mal aus Liebe geheiratet haben, zu erziehen.

Anders gesagt: Sie werfen den Frosch wie im Märchen gegen die Wand und hoffen auf seine Verwandlung. Ihn unablässig malträtierend, hoffen sie, dass der Frosch ein Prinz wird. »So leben sie lange Jahre mit einem beschädigten Frosch zusammen«, konstatiert Wolfgang Schmidbauer.

Das Glück der anderen

Natürlich kennen wir wunderbare Männer, die die Familie zusammenhalten, während die Gattin regelmäßig ihre Nervenzusammenbrüche auslebt, Männer, die die Kinder betreuen, manchmal sogar allein erziehen, die kochen, weil sie es gern tun und Besuch haben, weil sie es mögen, Männer, die sich, oh Wunder, gern über Literatur und Musik unterhalten, Männer, die seit Jahren innige Freundschaften pflegen, mit ihren Freunden Ski fahren gehen und anrufen, wenn es uns schlecht geht. Und das finden diese Männer sogar ganz normal.

Diese fabelhaften Exemplare der männlichen Gattung haben ungerechterweise immer die anderen. Viele Frauen tun so, als bliebe ihnen nur ein jämmerlicher Trostpreis.

Einen Trostpreis kann man nicht lieben, man kann ihn auch nicht in eine Siegertrophäe verwandeln. Frauen sind kompromisslos. Sicher ist richtig, was der Münchner Soziologe Ulrich Beck behauptet: »Der Gott der Privatheit ist die Liebe. Wir leben im Zeitalter des real existierenden Schlagertextes. Die Romantik hat gesiegt, die Therapeuten kassieren.«

Die Romantik siegt sich zu Tode: Schon wenige Jahre nach dem Wechseln der Ringe beklagen 80 Prozent der Frauen, der Mann interessiere sich zu wenig für ihre Gedanken und Gefühle, meldete das Hamburger Nachrichtenmagazin *Der Spiegel*. Das Missvergnügen wächst mit der Zahl der Hochzeitstage: Am 7. Hochzeitstag, nach sechs Ehejahren, würde nur noch knapp die Hälfte aller Frauen ihren Mann wieder heiraten.

Dennoch wächst die Sehnsucht nach dem Glück zu zweit, eine paradoxe Reaktion auf jede Modernisierung des Lebens, die vor allem mit dem Begriff »Flexibilität« verbunden ist. Thies Gundlach, Pastor an der St. Johannis Kirche in Hamburg, weiß aus vielen Traugesprächen: »Die Liebe ist eine der letzten nicht rationalisierbaren Dimensionen unseres Lebens, ein Stück Widerstand gegen die Zweckrationalisierung und Überfunktionalisierung der modernen Lebenswelt.«

Und die moderne Lebenswelt stellt Ansprüche, die sich mit Liebe und Partnerschaft nicht immer vereinbaren lassen. Sie fordert den flexiblen, mobilen Menschen, der heute für eine Arbeitsstelle auch schon mal die Stadt wechseln muss. Rund 13 Prozent aller Paare leben nach Schätzung von Experten in Fernbeziehungen. Bis zu 70 Prozent dieser Beziehungen scheitern, wie der Hamburger Arbeitswissenschaftler Michel Domsch ermittelt hat. Was ist heute noch ein Leben lang sicher? Liebes-, Familien- und Eheglück jedenfalls nicht.

Doch je unmöglicher die Liebe wird, desto heftiger wird sie ersehnt, und desto dringlicher wird sie benötigt, wenn der Mensch sich allen Modernisierungsschüben, zumal jenen der Globalisierung, gewachsen zeigen soll. »Die Köstlichkeit, die Symbolkraft, das Verführerische, Erlösende der Liebe wächst mit ihrer Unmöglichkeit«, bekräftigen die Soziologen Ulrich Beck und Elisabeth Beck-Gernsheim in ihrem Buch »Das ganz normale Chaos der Liebe«.

Dieses seltsam widersprüchliche Gesetz verbirgt sich hinter Scheidungs- und Wiederverheiratungsziffern, hinter dem existenziellen Größenwahn, mit dem die Menschen im Du ihr Ich zu erweitern oder auch nur zu bestätigen suchen. Beck/Beck-Gernsheim: »Die Liebe wird flüchtig in dem Maße, in dem sie, mit Hoffnungen aufgeladen, zum Kultplatz der um Selbstentfaltung kreisenden Gesellschaft wird, und sie wird mit Hoffnung aufgeladen in dem Maße, in dem sie flüchtig und sozial vorbildlos wird.«

Es mag nicht viele Vorbilder geben, die so eine grandiose, alles überwindende Liebe leben. Aber Bilder im Kopf gibt es, Träume, Ideale, Illusionen. Viele sogar. Braucht man sie, oder sind sie Teil des Problems?

»Früher, mit 30 Jahren, da fiel es mir leicht, jemanden kennen zu lernen. Heute, mit 40, kommt mir die ganze Anmacherei albern vor. Und unglaublich mühsam«, erklärt der Hamburger Medienmann Michael, der seit vier Jahren allein lebt.

Auch fragt er sich immer häufiger: »Was wollen Frauen eigentlich? Irgendwie werden wir Männer nach einer

Weile immer ungenügend und mangelhaft, zu viel dieses oder zu wenig jenes.«

Das Beuteschema der Frauen

Was wollen Frauen eigentlich? Eine Antwort gibt der Pariser Soziologe Jean-Claude Kaufmann, der seit Jahren das menschliche Paarverhalten untersucht. Allein stehend zu sein oder womöglich zu bleiben, diese Lebensweise, so Kaufmann, werde von Frauen als negativ empfunden.

Kaufmann untersuchte 150 Briefe allein stehender Frauen im Alter von 18 bis 50 Jahren. Immer wieder kreist der Mann in den Köpfen der Frauen herum, mal als Ritter, der das Solo-Leben komplettieren soll, mal als Enttäuschung. Der weibliche Single, so Kaufmann, führt ein trostloses Dasein und würde lieber heute als morgen dem ersehnten Märchenprinz begegnen.

Da ist beispielsweise Annabelle, 25: »Ich habe zutiefst Angst, eines Tages auf mein Leben zurückzublicken und nichts zu sehen: nur die Leere und das Nichts.«

Die Mehrzahl der Singlefrauen, fand Kaufmann, besucht regelmäßig Wahrsagerinnen, um immer wieder die gleiche Prophezeiung zu hören: Nächstes Jahr werden Sie den Mann Ihres Lebens kennen lernen.

Nicht nur in Frankreich, auch in der deutschen Wirklichkeit befinden sich jede Menge Frauen auf der Suche. Nathalie beispielsweise. Sie ist eine schöne Frau Mitte 30, die als Floristin arbeitet, sie ist zierlich und hat ungewöhnlich grüne Augen. Nathalie blickt auf vier langjährige Beziehungen zurück und unzählige Romanzen, rund vierzig, sagt sie.

Damit soll nun Schluss sein. Denn Nathalie glaubt an die große Liebe, »da bin ich wie ein Kind, da habe ich so ein Bild in meinem Kopf«.

Nathalie hat viele Begegnungen mit Männern. Aber sie will nicht einfach irgendeinen, sagt sie. Humorvoll, ehrlich, wissbegierig und kommunikationsfreudig soll der Mann ihrer Träume sein, tolerant und natürlich bindungswillig.

Leider verliebt Nathalie sich immer in introvertierte Männer, die sehr zurückhaltend sind, kaum reden – »die haben für mich was Geheimnisvolles«. Mit den geheimnisvollen Schweigern geht es über kurz oder lang aber nicht gut. Nathalie hat den Eindruck, dass sie sich an diesen Männern die Zähne ausbeißt. Sie ist sich darüber klar, dass ihr »Beuteschema« sich wiederholt und ihrem Glück im Weg steht, betont aber nicht ohne Stolz, sie verfüge über eine »ausgesprochene Leidensfähigkeit«.

Nathalie findet, dass es bereits in der Schule Fächer zur Geschlechterkunde geben sollte à la: »Was macht einen Mann aus? Wie pflege ich eine Beziehung?« Und nach der Schule sollte jeder und jede erst mal eine Art Therapie machen, um sich selbst besser kennen zu lernen, schlägt sie vor.

Auch ohne Therapie hat Nathalie für sich erkannt, dass sie Männern gegenüber ein ambivalentes Verhältnis hat. »Für mich sind Männer das schwächere Geschlecht, sie sind einfacher gestrickt, ich habe auch leider viel Verachtung für Männer, oft sind es solche Weicheier.«

Nun ist Verachtung keine gute Voraussetzung, um sich zu verlieben, das hat auch Nathalie eingesehen. Sie will jetzt entsprechende Selbsthilfe-Ratgeber lesen und sich intensiv mit ihrer Männerverachtung befassen. Sie hat außerdem beschlossen: keine schweigsamen, schwierigen Männer mehr, keine One-Night-Stands.

Wenn sie über sich und ihre Freundinnen nachdenkt, fällt ihr immer wieder auf, wie viel Kraft da ist. »Eigentlich sind wir stark, zu stark vielleicht. Vordergründig jedenfalls. Wir vergessen, dass wir auch weich und schwach sein dürfen. Das würden Männer positiv aufnehmen.«

Ihr Fazit über sich und die Generation der Frauen Mitte 30: »Ich glaube, uns Frauen geht's zu gut, wir haben doch eigentlich keine Probleme, außer dass unser Selbstwertgefühl, was Partnerschaften angeht, im Eimer ist.«

Ein Bild von einem Mann

Auch Katrin, 35, die Fernsehproduktionen betreut, hat einen mitleidigen Blick auf Männer. »Frauen haben doch die Hosen an und schüchtern Männer heute total ein«, sagt sie. Der Ablauf sei immer gleich bei ihr und den anderen Frauen, die sie so kennt: »Man trifft einen und findet ihn toll. Am Anfang, da sieht man in ihm einen Held. Und will ihn auch als Held. Wenn er dann doch mal eine Schwäche zeigt und irgendetwas nicht hinbekommt oder was nicht kann, dann tut man ihn schnell ab.« Acht Jahre war sie mit einem Mann zusammen, der, anders als sie, kein Kind wollte. Seit der Trennung hangelt sich Katrin von einer Affäre zur anderen, zunehmend in Panik, dass sie bald zu alt ist für ein Kind. Männer werfen ihr vor, sie würde »rigoros ihr eigenes Ding durchziehen, ohne Rücksicht auf Verluste«. Vielleicht sei das aus der Sicht dieser Männer nicht ganz falsch, gibt Katrin zu, weiß aber nicht so recht, wie und was genau sie ändern soll. Ihre Freundinnen seien auch keine große Hilfe – sie fänden jeden ihrer neuen Freunde erst total toll, wenn die Romanze dann vorbei sei, ließen sie kein gutes Haar mehr an ihm: Er habe von Anfang an nicht gepasst, er sei sowieso ein komischer Typ gewesen, man habe es kommen sehen und so weiter. Katrin zu dieser fragwürdigen Solidarität: »Mir kommt das oft verlogen vor. Verlogenheit unter Freundinnen finde ich zum Kotzen.«

Katrin versteht sich als moderne junge Frau, die weiß, was sie will. Ihre Wünsche hält sie für legitim: Der Mann, den sie sucht, muss passen in ihr hippes, gestyltes Leben, er muss seinerseits »den richtigen Style« haben, sagt sie, was irgendwie nach Klischee aussieht »geht gar nicht«.

In diesem Licht ist Katrins Katastrophenbilanz in Sachen Männer kaum mehr verwunderlich, ist doch ihr eigenes Leben längst zu einem Klischee erstarrt. Wenn man ihr zuhört, bekommt man den Eindruck, dass sie zu viel Werbefernsehen geschaut hat. Immer scheint sie darauf bedacht, dass bei einem Mann nur ja die äußere

Fassade passt, als würde sie den Mann am liebsten passend zum Sofa, zum Auto, zur Kücheneinrichtung aussuchen.

Im Märchen und im Kino sind solche Szenarien beliebt – so kann sich die Heldin entwickeln und schließlich einsehen, dass sie sich mit all ihren vorgefassten Meinungen den Blick aufs Wesentliche verstellt und sich beständig selbst im Weg steht. Im wirklichen Leben hingegen vertagen die Heldinnen diese Entwicklung meistens auf unbestimmte Zeit. Es ist leichter, die Männer zu wechseln – so lange es eben geht.

Von Übergangsmännern und Hauptgewinnen

Nahezu alle Frauen träumen heimlich von einem Hauptgewinn. Bis dahin geben sie sich mit so genannten Übergangsmännern zufrieden. Dieser Meinung ist jedenfalls Jochen, 34, Bankangestellter. Er ist ein nachdenklicher, gescheiter Mann, der gern liest und einen feinen Humor hat. Zurzeit hat er keine Freundin, was er nicht so tragisch findet, denn, wie er sagt, lässt er es gern ruhig angehen, kein Grund zur Panik also. Frauen fehle diese Gelassenheit, findet er, oft habe er schon bei der zweiten Verabredung das Gefühl, er müsse »jetzt unbedingt Gas geben und seine Beziehungstauglichkeit unter Beweis stellen, und zwar schnell«. Die meisten Frauen, denen er begegne, sagt Jochen, suchten krampfhaft nach einem Mann. Nicht, um ihn zu lieben, sondern weil sie nicht gut allein sein könnten. Kaum mal eine Frau, bei der er den Eindruck habe, sie wolle lieben, sie habe etwas zu geben, sondern eher diese Bedürftigkeit, dieser Wunsch, da möge bitte jemand sein gegen die Widrigkeiten des Alltags. »Mit sich selbst klarzukommen«, so Jochen, »wäre für viele dieser Frauen eine echte Herausforderung.«

Er war immer mal wieder der Übergangstyp, wie er das nennt, vor allem für Frauen, die gerade aus einer längeren Beziehung rausgefallen waren. »Sie brauchten einfach jemanden«, sagt Jochen, »damit sie nicht allein sein mussten mit sich selbst.«

Frauen als Opfer

Martin hat überhaupt nichts dagegen, ein Übergangstyp zu sein. Im Gegenteil, der 47-jährige Martin, den seine Freundin gerade verlassen hat, bekundet klar und deutlich, er wolle nicht sofort wieder eine feste Beziehung. Der Geschäftsmann aus Leipzig wirkt anziehend auf Frauen, er ist männlich, charmant – nur eben vorübergehend nicht bindungswillig. »Ich sagte das den Frauen, flirte, gehe zum Essen mit ihnen und mit der einen oder anderen auch mal ins Bett.«

Sofort denkt jede, bedauert er, sie würde ihn schon eines Besseren belehren, sie würde ihn rumkriegen. Und sofort würden Ansprüche gestellt. Wenn er distanziert und unverbindlich bleibt, wenn er mal mit einer anderen Frau ausgeht, erlebt er unschöne Szenen.

Martin: »Es ist, als gehe man durch Sex eine Verpflichtung ein. Ich werde als Schwein beschimpft, weil ich mich nicht auf eine feste Bindung einlassen will, die

Frauen fühlen sich als betrogene arme Opfer. Ist das nicht kindisch?«

Warum, so fragt er sich, tun sich die Frauen so schwer damit, ihn ernst zu nehmen mit dem, was er sagt und fühlen sich als Betrogene? Warum gehen sie mit ihm ins Bett, wenn sie eigentlich keinen Sex wollen, sondern Liebe? Warum fühlen sie sich ausgenutzt nach einer gemeinsamen Liebesnacht? Warum fragen sie sich stattdessen nicht, ob es ihnen gefallen hat? Warum könnten sie ein Abendessen und eine Affäre nicht genießen, auch ohne feste Beziehung? Ernst nehmen könne er diese Frauen nicht, sagte er, sie sind in seinen Augen unaufrichtig, und diese ewige Opfernummer geht ihm gehörig auf den Wecker.

Die Hamburger Journalistin Katja, 26, hat einen ähnlich kritischen Blick auf ihre Altersgenossinnen. »Viele junge Frauen, die ich kenne, wissen überhaupt nicht, wer sie sind und was sie wollen. Sie agieren ihren neurotischen Kram einfach blindlings aus. Sie sind unaufrichtig und initiieren Spiele, die alle Beteiligten unglücklich machen. Führen sich dabei aber immer auf wie arme Opfer.«

Männer in der Krise

Viele Männer fühlen sich von Frauen überfordert, bewacht, kontrolliert, vereinnahmt. Genauso viele Männer fragen sich, ob ihr Leben nicht entspannter verliefe, wenn sie allein lebten.

Der amerikanische Schriftsteller James Salter hält weibliche Domestizierungs- und Dressurakte für die Ursache allen Übels. In seinen Augen sind Männer einerseits von ihren Genen bestimmt, anderseits neuen Rollenerwartungen ausgesetzt. Salter macht die Emanzipation der Frau und den Zeitgeist für die Geschlechtermisere verantwortlich.

»Liebe ist Kampf um Unterwerfung« und »Die männliche Lust ist unendlich«, glaubt Salter und schaut voller Wehmut auf vergangene Zeiten. Früher sei es eine Form der Kultur gewesen, Frauen den Hof zu machen. »Heute muss man aufpassen, dass man nicht gleich als Sexist abgetan wird, wenn man sich für Frauen interessiert und nicht unbedingt eine zum Heiraten sucht. Man kann schlimmere Sachen machen als Frauen lieben.«

Salter, ein gut aussehender Mann, der Erfolg bei den Frauen hat und gern darüber spricht, schaut auf die neue Männer-Generation mit einer gewissen Verachtung. In den Fünfzigern und frühen Sechzigern, so seine These, war ein Mann ein Mann, und eine Frau wusste, was sie von einem Mann erwarten konnte.

Salter: »Heute sind viele Männer verwirrt. Sie versuchen, die Frauen zu verstehen. Und lesen alle möglichen Ratgeber, von Männern geschrieben, die selbst gar keine richtigen Männer mehr sind. Frauen muss man lieben – man muss sie nicht unbedingt verstehen. Und: Wie kann eine Frau einen Mann begehren, der sich wie ihre beste Freundin benimmt und vielleicht sogar Tischdecken bestickt nach der Arbeit?«

Neuere soziologische Untersuchungen sprechen tatsächlich für eine Rollenverunsicherung der Männer. Da bislang eher die Benachteiligungen von Mädchen im

Mittelpunkt des Interesses standen, hat man sich um die Jungen und ihre Defizite bislang nur wenig gekümmert. Das ändert sich gerade. Jungen, so belegen Studien, erleben heute stärker als früher, dass sie sich auf weibliche Spielregeln einlassen müssen, wie der Hamburger Sexualforscher Gunter Schmidt konstatiert.

Die Zeitschrift *Geo Wissen* präsentierte im Jahr 2000 einige Fakten, die das männliche Selbstbewusstsein ebenfalls untergraben: Der Anteil der Männer am gesamten Arbeitsmarkt sinkt stetig, die Erwerbslosigkeit von Männern zwischen 25 und 45 Jahren hat sich in den letzten 30 Jahren in Deutschland verdreifacht.

Europaweit nehmen heute 22 Prozent der Männer im Erwerbsalter nicht mehr am Arbeitsleben teil – 1968 waren es nur acht Prozent. Dass dieser Umstand das männliche Selbstbewusstsein nicht gerade stärkt, dürfte einleuchten.

Dazu kommt eine Studie der Deutschen Jugendforschung, nach der sich die Jungen durch Aggression Respekt verschaffen und durch Härte Anerkennung. Also möglichst keine Schwäche zeigen. Das gelingt wiederum dem, der sich in der Außenwelt beweisen und die Innenwelt weitgehend ignorieren kann. *Geo Wissen* publizierte außerdem die Erkenntnisse des amerikanischen Wissenschaftlers David Gilmore, der in einer weltumspannenden Studie verschiedene Modelle von Männlichkeit untersucht hat, von Jäger-und-Sammler-Kulturen bis zu den postindustriellen westlichen Nationen. Ergebnis: Mannsein muss immer noch hart erkämpft werden, es sei, so Gilmore, »eine Auszeichnung, die man gewinnen oder erobern muss«.

Männer würden von jeher darauf getrimmt, ihre eigenen Bedürfnisse einzuschränken, ihr Leben gering zu achten, es notfalls für andere einzusetzen. »Alle Erziehung«, fasst *Geo* zusammen, »zielt auf diese Selbstaufgabe, und der Katalog männlicher Imperative – Sei hart! Beiß dich durch! Weine nicht! – ist ein ins Heroische gewendeter Befehl zur eigenen Abwertung.«

Es ist schwer, so durchs Leben zu gehen. Kein Wunder, dass die Männerwelt an sich zweifelt. 37 Prozent aller deutschen Männer erklärten bei einer Umfrage im Jahr 1999, sie fühlten sich unsicher.

In einer Titelgeschichte dokumentierte selbst das Nachrichtenmagazin *Der Spiegel* im Sommer 2004, dass es nicht gut steht um den männlichen Nachwuchs.

Jungen bleiben häufiger sitzen als Mädchen, sie schneiden bei internationalen Schulleistungsstudien schlechter ab. »Jungen haben ein schwächeres Ich als früher«, erklärt ein Pädagoge, der in der Bielefelder Martin-Niemöller-Gesamtschule unterrichtet. Deshalb verbissen sie sich so in ihre Rabaukenrolle. »Da suchen sie Bestätigung. Viele sind völlig verunsichert.«

Neben verschiedenen Projekten an Schulen, die das Selbstbewusstsein und Sozialverhalten von Jungen stärken sollen, wird zunehmend der Ruf nach mehr männlichen Bezugsfiguren laut – was bei Pädagoginnen gleich wieder einen Aufschrei der Entrüstung provozierte. Dabei nützen männliche Vorbilder für Schüler und gezielte Jungenförderung auf lange Sicht auch den Mädchen – schließlich müssen sie mit den Jungen ihrer Generation ein Leben lang auskommen.

Der Versorger

Der Mann, nach dem sich Marion, eine attraktive Blondine Ende 30, sehnt, trägt die Züge ihres geliebten Großvaters. Der war charmant, selbstsicher, ein Kavalier der alten Schule, ein in sich ruhender und starker Mann. Marion war schon mal verheiratet. Selbstkritisch gesteht sie ein, sie habe die Ehe chaotisiert, sich nächtelang rumgetrieben, bis ihr Mann die Nase voll hatte und schließlich verschwand. Das ist nun schon eine ganze Weile her, und sie hat einige liebevolle Beziehungen hinter sich, die jedes Mal an unterschiedlichen Erwartungen scheiterten. Seit zwei Jahren ist Marion Single, außerdem ist sie Besitzerin zweier gut gehender Kosmetikstudios. Dennoch wünscht sie sich, dass ihr zukünftiger Partner sie finanziell versorgen wird. Weiter wünscht sie sich, dass er sich »in seine Seele schauen lässt, sich öffnet, am Ball bleibt und sich intensiv um mich bemüht, ehrlich ist und private Dinge offenbart«.

Wenn er dann noch die Lässigkeit eines Südeuropäers besitzt, umso besser.

Marion ist überzeugt davon, dass es heute nur noch wenige Bereiche gibt, in denen sich Männer von Frauen abgrenzen und unterscheiden. Sie ist deshalb der Ansicht, dass Männer sich wieder mehr ihre Männlichkeit eingestehen und sie auch zeigen sollten.

Mit ihrer persönlichen Kompliziertheit hat sie sich gründlich befasst. (»Man muss den anderen lassen können, mein Gott, ich war schon mal eifersüchtig auf eine Katze, das war wirklich schlimm. So was will ich nicht mehr.«)

Marion lernt regelmäßig neue Männer kennen. An manchen Tagen hat sie sogar das Gefühl, Männer magnetisch anzuziehen, »wie ein Tier, dessen Fell glänzt und das alle streicheln wollen«.

Sie trifft sich inzwischen gern mit jüngeren Männern, »die engen einen nicht so ein, kommen gut mit sich klar, mögen sich oft selbst richtig gern«. Sie ist zuversichtlich, dass irgendwann der Richtige kommt, sagt sie, aber wer weiß schon, wann?

Männer sind die zufriedeneren Menschen in ihren Augen. »Die suchen gezielt nach Lösungen und finden sie deshalb auch.« Frauen hingegen, so Marions Erfahrung mit sich selbst und anderen, erörtern ihre Probleme gern lang und breit im Gespräch. »Das ist manchmal purer Selbstzweck.«

Dass die gefühlsmäßige Bedürftigkeit von Frauen besonders ausgeprägt sei, nehmen die meisten Frauen mit Stolz zur Kenntnis. Sie sind emotionaler als Männer (außer, wenn es um Fußball geht), sie wollen nicht nur einfach eine Beziehung führen, die so vor sich hinplätschert. Sie wollen eine gute, eine innige, eine besondere Partnerschaft und setzen dafür nicht selten das gesamte weibliche Repertoire an »Beziehungsinstandsetzungstechniken« ein, das sie kennen. Männern ist das erklärtermaßen extrem lästig. Aus ihrer Sicht sind Frauen notorisch nörgelig. Das meint zumindest jeder zweite Mann. Frauen ihrerseits halten Männer für wehleidig (63 Prozent) und für stur (61 Prozent). Das ergab eine repräsentative Umfrage des Allensbach-Instituts bei Bundesbürgern ab 16 Jahren.

Männer sehen ihre Beziehung in der Regel pragmatisch entspannt und gelassen. Und wenn wir Frauen das auch mal versuchten?

Auch Frauen sind Schweine

Kleiner Exkurs: Frauen haben im Laufe ihres Lebens ja nicht nur mit Männern zu tun, sondern auch mit anderen Frauen. Sie haben Mütter, Schwestern, Kolleginnen, Freundinnen, Töchter, Enkeltöchter. Diese Beziehungen weisen bei näherer Betrachtung eine Auffälligkeit auf.

Frauen pflegen einen eher kritischen Umgang miteinander, häufig versteckt, manchmal offen. Der nachsichtige, wohlwollende Blick auf Geschlechtsgenossinnen ist vielen fremd. Das fängt bei der Kleidung an (»Wie die schon wieder aussieht heute, also ich finde, sie zieht sich unmöglich an«), bezieht sich auf Frisur, Figur, auf Eigenheiten aller Art bis hin zur umfassenden Bewertung darüber, welche Frau mit welchem Mann was hat oder hatte oder haben will oder nie haben wird (»Was bildet sich diese Ziege eigentlich ein?«).

»Wir sind fünf Freundinnen und verreisen seit Jahren zusammen«, erzählt eine Hamburger Malerin. »Das kriegen wir wirklich gut miteinander hin. Aber wann immer ich mich mit einer der anderen treffe, ist es eine Frage der Zeit, wann wir über die Abwesenden reden. Herziehen wäre zu viel gesagt, aber freundlich ist es auch nicht gerade.«

Frauen ratschen und tratschen gern, oft harmlos, oft ganz liebenswert, manchmal aber auch bösartig und in einer Art, die abwesende Personen (nicht selten eine Frau) diffamiert, ja vielleicht sogar nachhaltig beschädigt. Es gibt im weiblichen Miteinander erstaunlich viel Unaufrichtigkeit, Falschheit, viel Missgunst und die Tendenz zur Konfliktvermeidung, zu falscher Harmonie. Im Beruf setzen Frauen im Wettstreit um Vorteile, Positionen und Männer noch radikalere Strategien ein. Häufig gezielt gegen andere Frauen.

Frauen im mittleren und gehobenen Management müssten sich vermännlichen, sie müssten hart arbeiten und hart um ihre Position kämpfen, sagt Stefan, 50, Chef einer Werbeagentur in Köln. »Sie sind oft unberechenbarer und deshalb für mich unangenehmer als männliche Kollegen und Mitarbeiter.«

Untereinander seien diese Frauen sehr kühl und misstrauisch und missgünstig.

Natürlich gilt das keineswegs für alle Frauen. Sicher aber herrscht unter Frauen eine stärkere Konkurrenz, als es sich viele eingestehen. Es heißt immer, dass konkurrierende Männer einander das Leben schwer machen würden, dass sie mit Vergnügen hauen und stechen und den Gegner am Boden liegen sehen.

Von Zickenkrieg und Stutenbiss

Die Berliner Psychologin Mechtild Erpenbeck kommt zu einem anderen Ergebnis. Sie berät Unternehmen zum Thema »Frauen und Konkurrenz« und hält das Konkurrenzverhalten von Frauen, in Firmen gern als »Zickenkrieg« und »Stutenbissigkeit« belächelt, für immens unterschätzt. Immer wieder hört sie von Personalentwicklern die Klage, dass Frauen sich unsolidarisch verhielten. »Wenn sie es bis zur Spitze geschafft haben, halten sie sich selbst das Hinterland frei und stellen den weiblichen Führungsnachwuchs kalt«, fasst Erpenbeck zusammen.

Von wegen Frauen fördern Frauen oder böten sich solidarisch als Mentorin an – statt Seilschaften praktizieren viele eher rigorose Abgrenzung und konsequentes Einzelkämpfertum. Dabei gilt der Grundsatz: Keine andere neben mir.

Frauen, weiß Erpenbeck, haben weniger Erfahrungen mit Karrierekonflikten und keine Übung, damit konstruktiv umzugehen. Sie agieren unterschwellig, verschleppen Entscheidungen und blockieren die Kommunikation mit anderen. Sie hat auch erlebt, dass Frauen aus Missgunst den Erfolg einer Kollegin vereiteln – zum Schaden der Firma.

Im Vergleich dazu zeigen Männer das »gesündere« Konkurrenzverhalten. Sie könnten nach einer entschiedenen Top- oder Flopsituation das kollegiale Verhältnis problemlos aufrechterhalten, das Ergebnis ihrer Rangkämpfe treffe sie nicht als Person. »Wer verloren hat, muss wieder aufstehen und sich für die nächste Runde fit machen.« Frauen hingegen sehen eine Niederlage leicht als persönliche Vernichtung.

Erpenbeck rät den Unternehmen zu »Fair Play«-Training, was oft schwierig ist, weil sich konkurrierende Frauen meist beide als Opfer sehen. »Dabei blenden sie ihre eigene Handlungspotenz völlig aus.« Leichter zu arbeiten sei, so Erpenbeck, mit jüngeren Frauen, die den Begriff »Zicke« inzwischen wie eine Auszeichnung auf dem T-Shirt trügen und sich für kreative Rollenspiele durchaus aufgeschlossen zeigten.

Wahre Freundschaft

Frauen haben eine beste Freundin und viele Feindinnen, die sie als latent gefährlich einstufen. Entsprechend verhalten sie sich gegenüber anderen Frauen nicht gerade freundlich und unterstützend. Von Solidarität keine Spur. Und selbst bei aller Freundschaft: Gerade Frauen gehen häufig gnadenlos mit ihren Freundinnen um, reden ihnen ein, dass sie die Kinder vernachlässigen, ihr Haus schlecht führen, zu dick sind, sich falsch anziehen. Ja, es sind häufig Frauen, die einander das Leben schwer machen, auch wenn sie das nie zugeben würden. Gepflegte Vorurteile Männern aber auch Frauen gegenüber verhärten die Positionen. Im beruflichen Kontext trauen Frauen ihren Kolleginnen nichts zu, finden sie zu emotional, entscheidungsschwach und stutenbissig, und sie verhindern, wie Arbeitswissenschaftlerinnen herausgefunden haben, mit dieser missgünstigen Haltung oft den Karrieresprung der anderen.

Das bestätigt auch Katja, 42, Assistentin der Geschäftsleitung in einem großen Essener Konzern. Nach Katjas Erfahrung sind es oft Frauen, die die Teamarbeit blockieren. Inzwischen arbeitet sie lieber mit Männern zusammen. Die konzentrieren sich aufs Wesentliche und seien zu konstruktiver Kritik fähig. Frauen dagegen kritisierten häufig mit boshaftem Kalkül und reagierten selbst auf Kritik meistens ausgesprochen nachtragend. Sieht es im kreativen Bereich anders aus? Lucy, 46, Musikerin in Köln, ist inzwischen desillusioniert. Sie arbeitet seit über zwanzig Jahren mit jungen Musikerinnen aus ganz verschiedenen Milieus. In den Bands, die sie zusammenstellt, erzählt sie, herrsche bei den jungen Frauen eine Stutenbissigkeit, »das ist unglaublich. Statt einfach miteinander Musik zu machen, beäugen sie sich misstrauisch. Immer geht es darum, wer besser aussieht, und ganz schlimm wird es, wenn zwei Frauen in den gleichen Mann verknallt sind.«

Dann könne man die Band eigentlich gleich auflösen. Die Musikerinnen machten sich gegenseitig fertig, mobbten einander, lieferten sich Eifersuchtsszenen ohne Ende. Eigentlich, sagt Lucy, benehmen sie sich, sobald es um Männer geht, wie Hyänen, die über ein Stück Fleisch herfallen. »Und selbst wenn der Mann gefühlsmäßig schon längst erledigt ist, gucken die sich nicht mehr an. Ich rede hier nicht über 16-jährige Teenys, sondern über 25-jährige Frauen.«

Männer, so Lucy, seien ganz anders. Sie halten die Bereiche Musik und Liebe getrennt, sie entwickelten musikalischen Ehrgeiz und blieben gelassen, was ihre Beziehungen mit Frauen angeht. Und wenn sie sich in Sachen Frauen mal in die Quere kommen, nehmen sie das eher sportlich. Warum sollte man sich, so die männliche Logik, wegen einer Frau die tolle Band kaputtmachen? »Die regeln das irgendwie unter sich und gehen dann ein Bier trinken«, hat Lucy beobachtet. Keine Frage, sie als Profimusikerin findet dieses Verhalten sehr viel besser als das kindische Konkurrenzgebaren ihrer Kolleginnen. Zumal es letztlich selbstschädigend auf sie zurückfällt.

Schwiegermütter, Schwiegertöchter

In der Familie wird der bittere Kampf der Frauen häufig zwischen der Mutter des Ehemannes und der jeweiligen Schwiegertochter ausgetragen. Studien zufolge entstehen über 50 Prozent aller Eheprobleme zwischen der Schwiegertochter und der dominanten Schwiegermutter, die sich laufend einmischt. In Italien ist diese Form des Familienkampfes anscheinend besonders ausgeprägt, wie im Jahr 2000 in der Zeitschrift *Brigitte* nachzulesen war. Infolgedessen entwickelte man in der Kanzlei der römischen Scheidungsanwältin Paola Mescoli-Davoli eine Schwiegermutter- und Schwiegertochterschulung.

Die Idee entsprang offenbar schierer Verzweiflung. Denn 30 Prozent aller italienischen Ehen scheitern wegen Streitereien zwischen Schwiegermutter und Schwiegertochter.

Eine schreckliche Schwiegermutter, so hatte der oberste italienische Gerichtshof entschieden, kann sehr wohl ein Grund dafür sein, dass eine Ehefrau den Mann verlässt. Die böse Schwiegermutter als Scheidungsgrund? Madonna mia, das war der katholischen Anwältin Signora Mescoli-Davoli dann doch zu viel. Damit es nicht so weit kommen muss, führte sie mit einigen anderen Aufrechten besagte Schulung ein, die einige Regeln aufstellt, sowohl für Schwiegertochter als auch für Schwiegermutter. So soll die angeheiratete Ehefrau vor ihren Kindern nie schlecht über ihre Schwiegermama sprechen. Und für die unterbeschäftigte Schwiegermutter gilt der Rat: Suche dir ein anderes Wirkungsfeld, dein Sohn ist nicht der Einzige auf der Welt, der dich braucht.

Anwältin Mescoli-Davoli hat in ihrer Kanzlei schon Unglaubliches gehört. Schwiegermütter, die ins Telefon der Schwiegertochter Wanzen einsetzen ließen; Schwiegermütter, die nachts an die Schlafzimmertür klopfen und rufen: »Ihr wisst ja, dass ihr schon drei Kinder habt!«, Schwiegermütter, die beim Anblick ihres Sohnes jedes Mal mit vorwurfsvollem Seitenblick auf die Schwiegertochter zu klagen anfangen: »Poverino, mein Ärmster, was siehst du zerknittert aus!«

All diese Schwiegermütter wollen ihren Sohn im eigenen Interesse nicht loslassen. Sie halten es geradezu für eine Pflicht, ihre Schwiegertöchter zu kontrollieren und entscheidend in das Eheleben ihres Sohnes einzugreifen.

Und die italienischen Männer? Sie sind keine große Hilfe. Sie ziehen es vor, passiv zu bleiben und ergeben sich schweigend dem »Mammismo«, wie man in Italien die lebenslange, unheilbare Abhängigkeit von der Mutter nennt.

Von Hoden und Handtaschen

Wo bleibt das Positive? Gibt es denn nur Neid und Missgunst unter Frauen? Keineswegs. Und dass wir die Hoffnung auf ein positives Miteinander nicht aufgeben müssen, beweisen lebenslange, wunderbare Freundschaften zwischen Frauen. Beispiele, die einem größeren Publikum bekannt sind, etwa die drei Freundinnen aus dem Roman »Der Club der Teufelinnen«, die einander beistehen und sich von ihren Männern zurückerobern, was ihnen zusteht: Geld, Wohnungen, Respekt.

Vier Freundinnen, die ebenfalls einem Millionenpublikum bekannt sind und die als gelungenes Freundinnen-Vorbild gelten können, sind die Heldinnen der Serie »Sex and the City«.

Carrie, Amanda, Charlotte und Samantha sind Frauen, die mit sich, ihrem Dasein und ihren Beziehungsturbulenzen klarkommen, mal mehr, mal weniger und sich als Freundinnen dabei wechselseitig unterstützen.

»Männer sind wie Taxis. Wenn sie frei und zu haben sind, geht das Licht an«, sagt Miranda schnoddrig. Und als ihrem alten Freund Steve ein Hoden entfernt werden muss, sagt Carrie verständnisvoll: »Ich glaube, Hoden sind für Männer, was Handtaschen für Frauen sind. Eigentlich ist es nur ein kleiner Beutel, aber ohne ihn fühlt man sich in der Öffentlichkeit sehr nackt.«

Die Dialoge sind komisch und verblüffend lehrreich – die vier Frauen sind ehrlich zueinander, meistens jedenfalls. Sie suchen nicht händeringend nach einem Mann, sondern erleben die Liebe als Zustand der Ungewissheit. Oft genug sind sie es, die davonlaufen, wenn ein Mann nicht nur Sex, sondern auch Nähe, Vertrautheit und Liebe von ihnen will. Sie führen die Einsamkeit erwachsener Großstadtkinder vor und geben offen zu, dass sie emotional verstrickt sind zwischen Wollen und Sollen, zwischen mutigen Vorstößen und ängstlichen Rückzügen. Dass Männer ihre Probleme lösen, erwartet realistischerweise keine von ihnen. Männer sind für sie eine willkommene Abwechslung. Sie kommen und gehen und wer nicht freiwillig verschwindet, wird auch schon mal freundlich und resolut verabschiedet.

»Sex and the City« ist unterhaltsam, ohne zynisch zu sein. Die Freundinnen pflegen einen gewissen moralischen Rigorismus: Sie erzählen sich von ihrem Scheitern in sexueller und anderer Hinsicht, sie tratschen über die Vorzüge der Männer, aber auch über deren Nachteile (und da gibt es viele). Ebenso wichtig wie Männer sind aber auch Schuhe, Sushi, edle Kleider, Karriereträume.

Sie gönnen sich kleine Amouren während ihrer Selbstfindungsodyssee, bis Carrie eines Tages gesteht: »Ich bin jemand, der nach Liebe sucht. Nach richtiger Liebe. Nach lächerlicher, unbequemer, anstrengender Nicht-ohne-einander-leben-können-Liebe.«

Die vier Frauen wollen Liebe, aber nicht um jeden

Preis. Sie lassen sich keineswegs alles bieten, sie haben durchaus ihre Ansprüche an Männer. Sie wissen aber auch, dass Veränderungsprozesse eher über lustvolles Vergnügen als über strenge, mühselige Forderungen in Gang kommen.

Charlotte schlägt vor, dass die Freundinnen füreinander Seelenpartner bleiben, bis jede ihr Glück gefunden hat. Ein Vorschlag, den die anderen dankbar annehmen. Diese Idee einer emotionalen Seilschaft ist viel versprechend, auch für andere Frauen.

9. KAPITEL

Viele Wege führen ins Glück

»Die eigentlichen Geheimnisse auf dem Weg zum Glück sind Entschlossenheit, Anstrengung und Zeit«, so formulierte es der allseits geachtete Dalai-Lama. Klingt einleuchtend. Auf unsere Beziehungen übertragen bedeutet das beispielsweise: Liebe ist schön, macht aber viel Arbeit. Wir wissen das theoretisch, praktisch ist es eher lästig. Natürlich könnten wir Entschlossenheit, Anstrengung und Zeit investieren für die Verbesserung unserer Beziehung, für unser Lebensglück also. Doch nicht unablässiges Herumkritisieren an unserem Partner führt zum ersehnten Ziel. Nach Ansicht des Dalai-Lama müssen wir uns zunächst entschieden und aufrichtig um unsere eigenen Macken kümmern, um uns dann dem anderen liebevoll und selbstlos zuzuwenden.

Nicht selbstlos wie Mutter Theresa, sondern selbstlos in dem Sinne, dass unsere eigenen Wünsche nicht permanent im Vordergrund stehen müssen. Betrachten Sie die Liebe als eine Art sportlichen Wettkampf. Beide bringen ihre Stärken und Schwächen ein, so bleibt eine Beziehung lebendig. Fühlt einer der Partner sich dauerhaft nur schwach oder wird vom anderen als schwach angesehen, schützt er sich, indem er Abstand sucht. Wer sich dauerhaft als der Schwächere erlebt, reagiert mit Verweigerung, Rückzug, mit Flucht in Krankheit, Sucht, Fremdgehen. Wenn sich umgekehrt ein Partner dem anderen dauerhaft überlegen fühlt, geht das langfristig ebenso wenig gut. Wenn beide hingegen aushalten, dass der jeweilige andere seine Geheimnisse und Eigenständigkeiten behält, bleibt die Beziehung vital.

Paartherapeut Jürg Willi plädiert in seinem Buch »Psychologie der Liebe« dafür, sich zu fragen, ob (eheliches) Zusammenleben überhaupt die geeignete Lebensform für einen darstellt. Er gibt zu: »Erkenntnisse über das eigene Ich sind selten einfach. Aber ich finde schon, dass es eine Art Lebensaufgabe ist, sich selbst zu ergründen, mit allen Widersprüchlichkeiten.«

Ohne persönlichen Einsatz geht es nicht. Denken wir nur mal an den Zwangsneurotiker der Entwicklungsromanze »Besser geht's nicht«, überzeugend verkörpert von Jack Nicholson. Er ist verliebt in eine Kellnerin, gespielt von Helen Hunt, und sagt irgendwann zu ihr: »Ihretwegen möchte ich ein besserer Mensch werden.« Und er sagt es nicht nur, sondern bemüht sich nach Kräften, vom Kotzbrocken zu einem halbwegs erträglichen Mann und Liebhaber zu werden.

Sicher, im Kino ist es vergleichsweise einfach, am Ende wird meistens alles gut. Im wirklichen Leben wird unser Wunsch nach einem guten Ausgang seltener erfüllt. Auch wenn es zu Beginn einer Love-Story ganz wie im Kino ist: Wir möchten zu besseren Menschen werden, und für kurze Zeit gelingt uns das auch.

Am Anfang dieses Herzrasen, das uns so glücklich

macht. Schlafen und Essen sind gleichgültig, die Welt verliert an Schrecken, ja, sie erscheint geradezu lieblich. Wer verliebt ist, ist nachsichtig mit seinen Mitmenschen. Er hat keine schlechte Laune, er weiß nicht mal mehr, was das ist. Mit beseeltem Blick läuft er durch die Gegend. Er mag unentwegt grinsen wie ein Vollidiot, aber er zieht andere Menschen magisch an.

»Seit ich verliebt bin, werde ich täglich angesprochen«, berichtet Lea, 27, Studentin. Sie fährt mit der U-Bahn, und Männer starren sie wie hypnotisiert an. Sie steht beim Bäcker, und der Mann hinter ihr in der Schlange lädt sie auf eine Tasse Kaffee ein. Sie joggt, und ein Jogger, der ihr entgegenkommt, fragt, ob sie nicht Lust hätte, mit ihm gemeinsam zu laufen. Die verliebte Lea weiß, dass sie diese Aura des Glücks hat und deshalb so enorm anziehend wirkt. Sie fühlt sich geschmeichelt von so viel männlicher Aufmerksamkeit – nur interessiert sie kein anderer Mann im Augenblick. Verliebte sind monogam.

Verliebtheit als temporäres Irresein

Verliebtheit ist ein Zustand des leichten Verrückt-Seins, sagen die Neurologen. Er hat gewisse Ähnlichkeit mit Drogensucht. Phenylethamin heißt der Stoff, der das Gehirn eines Verliebten überschwemmt, Adrenalin und Noradrenalin werden ausgeschüttet, der Körper gerät in einen Zustand von Wachheit und Erregung wie beim Drogenkonsum. Wenn die geliebte Person nicht da ist, fühlt der Verliebte sich, als sei er auf Entzug. Wie aber wählen wir den anderen aus, wann verlieben wir uns und wann nicht? Und was sagt unsere Wahl über die Langzeit-Chancen dieser Verbindung?

Indische Wissenschaftler haben Paare, die aus Liebe geheiratet haben, mit Paaren verglichen, die von ihren Familien verheiratet worden waren. Nach fünf Jahren waren die arrangierten Ehen glücklicher als die derer, die sich ihren Partner selbst ausgesucht haben. Wie kann das sein?

Am Berliner Max-Planck-Institut für Bildungsforschung hat der Psychologe und Mathematiker Peter Todd mit Kollegen zusammen ein Computerprogramm für Partnerwahl entwickelt. Todds Team schuf virtuelle Männer und Frauen, stattete sie mit einem »Marktwert« aus bezüglich Aussehen, Kontostand, Charakter, und schickte sie auf einen virtuellen Heiratsmarkt. Wie viele Partner, das fragten sich die Forscher, soll man testen, bevor man sich in feste Hände begibt? Und welche Ansprüche sollte man stellen?

Waren die Testmenschen so programmiert, dass bis zu fünf Punkten Unterschied bestehen durften, was den Marktwert der Liebenden betraf, endeten bis zu 80 Prozent der Suchenden als Paar – man fand einander. Leider hilft dieses Modell in der Wirklichkeit nicht weiter, räumt Versuchsleiter Todd ein, weil niemand seinen eigenen Marktwert mit absoluter Sicherheit kennt.

Also ließen die Forscher ihre virtuellen Personen im Unklaren über den eigenen Marktwert und ließen sie stattdessen Vermutungen treffen, die sich nach den Reaktionen der Umwelt richteten: Ein erfolgreiches Anbandeln erhöhte die Selbsteinschätzung, ein Misserfolg ließ ihn sinken.

Das Ergebnis: Nach einer bestimmten Anzahl von negativ getesteten Personen sinkt die Chance auf einen Partner – bei längerer Suche immer mehr. Sei es, dass das Anspruchsniveau anfangs zu hoch war, sei es, dass die passenden Partner dann alle vergeben waren: Wer zu lange herumprobiert, geht leer aus.

Wer also zu viel verlangt, ergab die Simulation, verliert Zeit und endet schließlich als Single. Wer andererseits zu schnell Ja sagt, läuft Gefahr, ein schlechtes Geschäft zu machen – mit einem Partner, der deutlich weniger attraktiv ist als der Suchende selbst.

Mehr als zwanzig Partner, das ergab das Experiment, braucht der Mensch nicht zu prüfen. Die Chance auf ein besseres »Geschäft« weicht dann der Wahrscheinlichkeit, dass man sich am Ende unter Wert verkauft.

Perfektionisten haben Pech, das ist die Botschaft aus dem Max-Planck-Institut. Wer zu lange nach einem zweiten George Clooney oder einem Wesen, das Kate Moss gleicht, sucht, wird schlechter abschneiden als derjenige, der sich nach dem zwölften Testpartner entscheidet.

Die Macht der Psyche

Immerhin ist es gut zu wissen, wonach man sucht. Und es ist gut zu wissen, wer man ist. Damit bleibt es noch kompliziert genug. Häufig sind Menschen von Eigenschaften eines anderen Menschen angezogen, die sie in sich selbst verleugnen oder vermeiden. Eine Frau etwa, die einen sehr strengen Vater hatte, wird vermutlich nach einem Mann suchen, der sanfte Züge hat. Wahrscheinlicher aber wird sie sich angezogen fühlen von jemandem, für den Autorität, Macht und Unterwerfung ebenfalls zentrale Themen sind. Hat eine Frau von ihrer Mutter gelernt, sich vital und entschieden durchzusetzen, gerät sie möglicherweise an einen Mann, der Konflikte vermeidet. Eine perfekte Ergänzung, so scheint es zunächst. Doch das täuscht. In Wahrheit ist der Mann gerade deshalb so fasziniert von ihrer Stärke, weil er keinen Kontakt zu seiner eigenen hat. Sie hingegen ist angezogen von seiner zurückhaltenden Art, weil sie Sanftheit in sich selbst nicht zulassen kann. Eine Zeit lang mag die Geschichte gut gehen, die Gefahr, dass es eines Tages kracht, ist allerdings groß.

Im Film kommt die Wahrheit über die Macht der Psyche häufig kommödiantisch daher. »Dein Unterbewusstsein ist von seinem Unterbewusstsein angezogen. Unbewusst«, bekommt Meg Ryan von ihrem Bruder zu hören, als sie sich in »Schlaflos in Seattle« in den Witwer Tom Hanks verliebt. Ihr Bruder – er weiß nichts von Tom Hanks, sondern meint Meg Ryans derzeitigen Freund, den sie vorhatte zu heiraten – drückt sich ziemlich wirr aus, und Meg kümmert sich dann auch nicht weiter um seine Worte und folgt der Stimme ihres Herzens.

Es genügt vollkommen, sich gelegentlich daran zu erinnern, dass die eigene Psyche eine Rolle spielt – bei der gegenseitigen Anziehung und später auch bei Konflikten und dem eigenen Streitverhalten.

Wenn die Partner wechseln, aber die Abläufe der Beziehungen sich ähneln, hilft es, sich das Muster genau anzuschauen, das da zwanghaft wiederholt wird, und nach den Ursachen für das eigene Verhalten zu forschen. Wer seine »Familienmitgift« ignoriert, wird sich von unbewussten Zwängen nicht lösen können. Warum so viele Frauen lange warten, bevor sie professionelle Hilfe in Anspruch nehmen, ist unklar. Die Menschen wollten erst dann von einem Psychotherapeuten geführt werden, beobachtet der berühmte amerikanische Psychotherapeut Sheldon B. Kopp, »wenn ihre gewohnte, selbstbeschränkende, risikofeindliche Art zu handeln sie nicht mehr weiterbringt, sondern Zerrissenheit und Erschöpfung in ihr Leben trägt«. Ansonsten seien wir nur allzu bereit, mit dem Bekannten zu leben, wie dürftig die Ergebnisse, die wir dabei erzielten, auch sind.

Eine gute Therapie ist laut Kopp wie eine Pilgerschaft zu Freiheit, Selbstachtung und richtiger Einschätzung des Eigenwerts. Eine gute Therapie führt weg von all den selbsterniedrigenden Boshaftigkeiten, mit denen man sich und andere schikaniert. Es gibt dabei viel zu lernen und noch mehr zu verlernen.

Die Stimme der Seele

Viele Frauen besitzen bereits ein gesundes Selbstbewusstsein und begreifen sich nicht ausschließlich als Opfer ihrer familiären Vergangenheit. Sie stehen nicht unausweichlich unter dem Zwang, ihre Mutter zu imitieren oder gegen ihren Vater zu kämpfen.

Frauen sind weder Opfer der Umstände, noch sind sie Opfer fieser, kalter, bindungsscheuer Männer. Sie sind meist Opfer ihrer selbst, den inneren Saboteuren ausgeliefert, sie folgen ihren eigenen selbst-beschränkenden Gedanken und Gefühlen. Rund 50 000 Gedanken jagen pro Tag durch unseren Kopf, und oft sind sie sorgenvoll, negativ, unfreundlich uns selbst oder anderen gegenüber und verursachen Stress.

Verschiedene Therapeuten wie etwa Virginia Satir und der Hirnforscher Robert Ornstein unterteilen die von diesem Gedanken malträtierte menschliche Seele in einzelne Teile, beziehungsweise verschiedene Selbste, die sich, je nach Situation, mit ihren eigenen Stimmen zu Wort melden. Nicht immer sind diese Stimmen freundlich, oft sind sie sogar ausgesprochen ärgerlich und vorwurfsvoll.

Nach unserer Erfahrung haben Frauen oft Probleme, die innere Selbstbeschimpfung zu stoppen und die inneren Kritiker, Antreiber, Tyrannen im Zaum zu halten. Vielfach ist der Kontakt zu unserem liebevollen fürsorglichen inneren Helfer, Unterstützer, Freund gestört. Der erlaubt uns, unsere Wünsche, Sehnsüchte und Gefühle wahrzunehmen, spricht uns Mut zu, sagt freundliche Dinge, ist geduldig, lobt und tröstet uns. Kurz, unser innerer Freund bringt uns weiter als seine kritischen, nörglerischen Kollegen. Bewusst auf diese unterstützende Stimme zu hören, kann man trainieren.

In der Regel, haben Forscher herausgefunden, brauchen wir 21 Tage, bis wir eine neue Gewohnheit einstudiert haben. Menschen, so formulierte es der amerikanische Psychologe Eric Berne, leben und lieben nach einem inneren Drehbuch, unbewusst. Meist spielen wir die Rolle, die wir von klein auf gelernt haben und inszenieren sozusagen unseren eigenen kleinen Film. Eine dieser Rollen kann zum Beispiel die des braven, angepassten Mädchens sein, das Konflikte verweigert und seine persönlichen Wünsche hintanstellt. Für eine partnerschaftliche Beziehung ist das sicher keine gute Voraussetzung.

Eine andere Rolle, die Frauen wählen, ist die des unschuldig verdammten Opfers oder die Rolle der ewigen Verliererin. Diese Frauen haben das Gefühl, sie kommen immer zu kurz, sie bekommen nicht, was sie wollen, und das Leben zieht an ihnen vorbei, ohne sie zu beachten. Ihre Erwartungen und ihr Verhalten sind entsprechend, ihre Erfahrungen auch. Sie bekommen, was sie schon immer bekommen haben und reagieren darauf mit dem ewig gleichen Programm. Den so erzeugten Teufelskreis der selbst inszenierten Enttäuschung gilt es zu durchschauen und zu durchbrechen, ebenso wie die dazugehörigen Glaubenssätze. Merkwürdig prägende Formulierungen werden da von unserer leidenden ärgerlichen oder resignierten inneren Stimme gebetsmühlenartig wiederholt: »Männer können mit intelligenten Frauen nichts anfangen«, oder »Ich muss immer alles allein machen, weil andere so egoistisch sind«, oder »Ich werde ausgenutzt, sobald ich mich mal schwach zeige.« Der Effekt ist verheerend.

Frauen, die solche Sätze verinnerlicht haben und sich von ihnen beherrschen lassen, reagieren auf Männer nach ihrem inneren Drehbuch. Sie schauen mit ganz bestimmter Erwartung in die Welt und interpretieren männliches Verhalten ausschließlich danach. So kann es passieren, dass sie sich zurückgesetzt, vernachlässigt und unbeachtet fühlen, obwohl die Situation objektiv gar nicht so ist.

Tatsache ist: Eine Frau, die in der Zweisamkeit dauerhaftes Glück erleben will, tut sich leichter, wenn sie weiß, welchen Beitrag für eine stabile Basis sie selbst leisten kann und will. Dafür lohnt es sich, sich aufmerksam und aufrichtig mit der eigenen Gedanken- und Gefühlswelt zu befassen. Frauen müssen begreifen, dass sie sich aus der Zwangsjacke innerer Vorschriften und Vorurteile befreien müssen.

Die wichtigste Liebesbeziehung im Leben

Wer sich selbst nicht mag, an sich herumkritisiert und meckert, wird das auch bei anderen tun. Die wichtigste Liebesbeziehung im Leben ist die zu sich selbst. Selbstliebe kann man lernen. Für manche wird es ein Umlernen sein.

Also: Seien Sie so freundlich, einfühlsam und liebevoll zu sich, wie Sie es sich von einem Mann wünschen würden. Fangen Sie gleich heute damit an. Umlernen besteht meist darin, das Gegenteil von dem zu tun, was Sie bisher getan haben: sich zu loben statt zu beschimpfen, sich zu ermutigen statt sich runterzuziehen, schlechte Gewohnheiten also durch gute zu ersetzen. Seien Sie einfach netter zu sich. Wie das geht? Hier einige Anregungen:

- Machen Sie sich schon morgens Komplimente, wenn Sie in den Spiegel schauen oder unter der Dusche stehen. Gönnen Sie sich etwas Schönes für Ihren Luxuskörper, vielleicht eine besonders edle Bodylotion, verwöhnen Sie sich.
- Bleiben Sie freundlich und gelassen mit sich während des gesamten Tages. Gönnen Sie sich Dinge, die Sie sich bisher verboten haben. Ein gutes Essen in einem tollen Restaurant, einen Saunabesuch, einen Ausflug in eine schöne Stadt. Ein neues Kleid …
- Erlauben Sie sich Spaß, Vergnügen und Unterhaltung aller Art. Singen Sie in einem Chor mit, oder lernen Sie ein Instrument. Gehen Sie Skaten, Schlittschuh laufen, oder fahren Sie eine Woche ans Meer.
- Erlauben Sie sich, sich von Leuten zu trennen, die Sie als emotionale Tankstelle benutzen und Ihnen nicht gut tun. Kümmern Sie sich um sich, und trauen Sie Gefühlsschmarotzern zu, sich um sich selbst kümmern zu können.
- Optimisten sind beliebt und gehen unbeschwert durchs Leben. Sehen Sie die Vorteile und das Positive statt die Nachteile, den Mangel, das Negative. So entdramatisieren Sie das, was Ihnen an »Schrecklichem« widerfährt.
- Trösten Sie sich, wenn etwas schief läuft. Davon geht die Welt nicht unter. Haben Sie Geduld mit sich, und ermutigen Sie sich, sich auch schwierigen Aufgaben zu stellen.
- Seien Sie stolz auf sich, loben Sie sich. Finden Sie sich liebenswert, und seien Sie liebenswert. Nach dem

Motto: »Was du nicht willst, dass man dir tu, das füg auch keinem andern zu«, müssen liebevolle Menschen übrigens nicht fies über andere herziehen. Man hat sogar herausgefunden, dass abfällige Bemerkungen selbstschädigend auf den Lästerer zurückfallen.

- Erwarten Sie freudig das Positive. Seien Sie überzeugt davon, dass Sie liebenswert sind und jemanden finden werden, der zu Ihnen passt. Seien Sie überzeugt davon, dass er auf dem Weg zu Ihnen ist und dass Sie ihn erkennen werden.

Dieser Lernprozess – den jede Frau natürlich nach Belieben ausbauen kann – verläuft mal schneller, mal langsamer. Rückschläge sind kein Grund zur Panik, sondern eine Herausforderung. Gerade bei Rückschlägen sollte jeder freundlich und geduldig mit sich bleiben.

Mit der Zeit werden Sie entspannter und fürsorglicher mit sich und bemerken, dass Sie sich weniger verleugnen, herabsetzen, vernachlässigen, beschimpfen oder übergehen.

Fragen Sie sich: Wenn Sie sich morgen hinsetzen würden und über Ihr Leben schreiben – was käme dabei heraus? Was Brauchbares oder eher Geschwafel, Gesäusel von Innerlichkeit und tiefen Empfindungen? Anklagende Tiraden gegen Gott und die Welt? Eine kühle Bestandsaufnahme? Wäre es eher eine melancholische Abhandlung, eine strenge Sozialstudie oder eine lustige Komödie?

Kann alles interessant zu lesen sein, nichts ist besser

oder schlechter. Interessant ist aber der Blick auf sich selbst. Ist er unerbittlich, ist er wehmütig, oder ist er humorvoll?

Hier noch einige Hinweise einer Frau, die lange als Therapeutin mit Frauen gearbeitet hat. Sie hat die folgenden Übungen entwickelt und mit ihren Klientinnen erfolgreich erprobt.

- Schreiben Sie in einer ruhigen Stunde eine Bewerbung – auf eine Stellenausschreibung, in der eine Lebensgefährtin gesucht wird. Was qualifiziert Sie für die Anstellung als Lebensgefährtin? Welche Erfahrungen bringen Sie mit? Was erhoffen Sie sich von dieser Stelle? Wo liegt Ihr besonderes Engagement? Haben Sie Referenzen? Sparen Sie nicht mit Beschreibungen über sich, und seien Sie ehrlich.
- Falls Sie dazu neigen, sich als armes Opfer zu fühlen: Beschreiben Sie Ihren äußeren und inneren Reichtum so genau wie möglich. Listen Sie alles auf, Ihr äußeres Hab und Gut und Ihre inneren Reichtümer – Ihre Fähigkeiten und wertvollen Freundschaften. Sie werden feststellen, so ein armes Würstchen sind Sie gar nicht.
- Überprüfen Sie Ihre inneren »Stoppschilder«. Ihre Meinungen, Ansichten, Vorurteile über Männer. Es gibt Frauen, die zutiefst überzeugt sind: Ein Mann, der weiße Tennissocken trägt, käme nie in Frage und einer, der Dialekt spricht, schon gar nicht oder einer, der sich nicht für Golf interessiert oder ein Bartträger – wir haben alle unsere Stoppschilder. Je mehr

Stoppschilder, desto weniger spontan, flexibel, unvernünftig und risikofreudig können wir sein. Schmeißen Sie alte Schilder auf den Müll, damit Sie auf Männer wieder unbefangen zugehen können.

- Verfahren Sie genauso mit den »Stoppschildern«, die Sie in Bezug auf sich selbst verinnerlicht haben. Fangen Sie bei Ihrer Kleidung an. Tragen Sie Farben, die Sie bislang immer für sich abgelehnt haben. Tragen Sie Gelb, Grün, Rot, ein leuchtendes Blau. Beobachten Sie, wie Sie sich damit fühlen, wie andere auf Sie reagieren.
- Überraschen Sie sich und andere: Gehen Sie ins Kino, in den Zoo, ins Theater, zum Tanzen – wenn Sie diese Unternehmungen lange nicht mehr gemacht haben.
- Wenn bestimmte Bereiche Ihres Lebens festgefahren sind, kommen Sie in Bewegung, indem Sie anfangen zu walken, zu joggen oder einen Tanzkurs besuchen. Bewegen Sie sich regelmäßig, und Sie werden merken, wie die Erstarrungen sich allmählich in Ihrem Denken auflösen und wie Ihr Leben wieder an Farbe und neuen Möglichkeiten gewinnt. Machen Sie sich klar: Wenn Sie etwas verändern wollen in Ihrem Dasein, wenn Sie Neuland entdecken wollen, müssen Sie in See stechen und aufbrechen. Vielleicht ist es mal neblig während Ihrer Reise, vielleicht verlieren Sie auch mal die Richtung. Aber um zu neuen Ufern zu gelangen, müssen Sie erst einmal losfahren.
- Formulieren Sie Fragen an Ihren Partner zum sexuellen Bereich. Welche Erfahrung möchte er gern ma-

chen, was würde er gern mal ausprobieren, was würde er in einem Sexshop kaufen? Beantworten Sie diese Fragen für sich selbst.

- Männer wollen auch gern mal angesprochen werden. Nehmen Sie sich vor, einmal in der Woche jemanden anzusprechen. In einer Kneipe, im Bus, an der Haltestelle – wo immer Sie wollen. Üben Sie ein Jahr lang, Männer freundlich anzusprechen. Sie werden ein anderes Verhältnis zu Männern entwickeln. Sie werden selbstbewusster sein. Und sicher mehr lächeln.
- Seien Sie geduldig und liebevoll mit sich selbst. Schauen Sie auf sich und die Männer mit Humor. Ein humorvoller Blick auf die Welt entspannt die Dinge sofort.

  Wenn Frauen über sich selbst lachen können, ist viel gewonnen. Selbstironie setzt stabiles Selbstbewusstsein und Unabhängigkeit voraus, festigt es umgekehrt aber auch.

Gute Gefühle, schlechte Gefühle

Nach einigen Übungseinheiten können Sie erste Veränderungen im eigenen Verhalten feststellen.

Mit der Zeit werden Sie Ihre Gefühle nicht mehr einfach so »rauslassen« – das gehört zum Programm des Umlernens dazu. Denn negative Gefühle verschwinden erfahrungsgemäß keineswegs, wenn man ihnen lautstark Ausdruck verleiht – im Gegenteil, sie verstärken sich sogar. Wer Wut, Ärger, Trauer, Verdruss wahrnimmt, muss diesen Gefühlen nicht blindlings folgen.

Wenn Frauen beispielsweise Beschwerde führen über die Fehler ihrer Männer, reaktivieren sie permanent ihre eigenen negativen Gefühle. Aber wir sind unserem Denken und Fühlen zum Glück nicht völlig hilflos ausgeliefert.

Zahlreiche wissenschaftliche Studien belegen, dass Menschen ihre Handlungen und Gefühlszustände gezielt steuern können, vorausgesetzt sie lernen, ihre negativen Vorstellungen zu beeinflussen. Das Leben ist nicht kontrollierbar, das Verhalten anderer Menschen ist es auch nicht. Aber wir haben durchaus die Wahl, auf unseren verdrossenen Kollegen mit Leichtigkeit und Humor zu reagieren statt mit Ärger und schlechter Laune. Er wird seine schlechte Laune uns zuliebe kaum ablegen, egal, wie wir reagieren. Also ist es besser, die Dinge gelassen zu nehmen, wie sie sind: Der Kollege ist eben grässlich schlecht gelaunt – aus welchen Gründen auch immer, na und? Unsere Lebenszeit ist kostbar, und sie verrinnt unaufhaltsam, während wir klagen, uns bemitleiden und verzweifelt hoffen, für unser Unglück und unseren schlecht gelaunten Kollegen eines Tages entschädigt zu werden.

Machen Sie doch, was Sie wollen

Im Kapitel »Liebe verzweifelt gesucht« haben wir von Isabelle berichtet, die sich einen Mann wünscht wie Rhett Butler, nur jünger. Mal abgesehen von ihren hohen Ansprüchen an die äußere Erscheinung, stehen ihre Chancen, einen konservativen Mann zu finden, tatsächlich ganz gut. Denn im Gegensatz zu vielen anderen Frauen ist sich Isabelle klar über ihre Wünsche und Ansprüche, aber auch klar über ihre eigene Unsicherheit, über die Prägungen und Muster, die sie in sich trägt. Sie durchschaut ihre eigene gelegentliche Verwirrung, und sie geht gelassen mit sich um. Trotz ihres innigen Kinderwunsches und ihres Lebensentwurfs von einer Großfamilie, ist sie überzeugt davon, dass sie als gut ausgebildete Akademikerin eine passende Arbeit braucht.

»Mich nur auf Hausfrauendasein und Mutterschaft zurückzuziehen wäre vielleicht bequem, aber sicher vollkommen falsch«, sagt Isabelle. »Die Unzufriedenheit wäre vorprogrammiert.«

Dafür sei sie zu gut ausgebildet und neugierig. Neben der Familie würde sie immer gleichermaßen großen Wert auf einen beruflichen Wirkungsbereich legen.

»Wenn ich in meinem Beruf auf Teilzeitbasis nichts finden könnte, würde ich mir eine ehrenamtliche Tätigkeit suchen.« Trotz ihrer hohen Ansprüche ist Isabelle überzeugt davon, dass sie jemanden treffen wird, der zu ihr passt. »Ich glaube, es ist nur eine Frage der Zeit, wann ich diesen Menschen finde.«

Diese Zuversicht mögen manche naiv nennen, doch in Wahrheit wird sie Isabelle sehr helfen. Denn Optimisten, das haben Studien mehrfach bestätigt, haben mehr Glück in der Liebe. Wer glaubt, dass er Liebe, Zuneigung und den passenden Partner findet, hat gute Aussichten, ihn tatsächlich eines Tages zu treffen.

Man sollte dabei tatkräftig sein Glück selbst in die Hand nehmen – unwahrscheinlich, dass jemand ein

Überraschungspäckchen abwirft über dem hauseigenen Balkon. Zu viele Frauen sitzen mit ihrer unerfüllten Sehnsucht zu Hause und warten wehmütig, dass der wundervolle Prinz endlich klopft oder klingelt. Als stünde vor der Tür ein einladendes Schild: Märchenprinzen dieser Welt, bitte hereinspaziert! Warum können diese Frauen sich nicht vorstellen, ihrem Traumpartner in der U-Bahn oder beim Einkaufen oder im Restaurant zu begegnen? Auch Traummänner fahren U-Bahn, auch Traummänner müssen einkaufen und essen.

Güte, Witz und Intelligenz wirken anziehend

Wer als Trauerkloß durch die Welt dümpelt und mit seiner Mimik und Gestik immerzu zum Ausdruck bringt: »Mich will ja doch keiner« oder allein die äußeren Reize in die Waagschale wirft: »Jetzt war ich schon beim Friseur, und die neuen Stöckis waren auch sündhaft teuer, trotzdem guckt wieder kein Schwein« – wird seines Lebens nicht recht froh.

Mehr Selbstvertrauen, meine Damen, unbedingt mehr Selbstbewusstsein! Wer sich selbst mag, wird auch von anderen gemocht. Etwas Liebenswertes wird doch jeder an sich finden. Welche Frau glaubt denn, sie müsse aussehen wie Julia Roberts oder Pamela Anderson, um einen Mann für sich zu interessieren? Männer wollen nicht mit einer Barbiepuppe durch die Gegend ziehen – Ausnahmen bestätigen die Regel –, sondern sie schätzen das Gefühl, bei einer Frau ankommen zu können, mit ihr zu reden und zu lachen, bei ihr zu Hause zu sein.

Nehmen wir den wunderbaren Tennisspieler Andre Agassi. Er hätte sich viele Jahre mit schönen, jungen Models oder Hollywoodschauspielerinnen amüsieren können. Wollte er aber nicht. Stattdessen tat er sich mit der selbstbewussten Steffi Graf zusammen, wurde Ehemann und Vater zweier Kinder. Steffi Graf ist attraktiv, sehr sogar. Doch ist das keine genormte, glatte Attraktivität wie die vieler Starlets.

»Ich habe eine klare, starke, religiöse Seite und sehr hohe moralische Standards. An die Zukunft der Person zu glauben, mit der man zusammen ist, halte ich für das Entscheidende, um jemanden ganz zu erleben«, bekannte André Agassi in einem Interview.

Andere Männer urteilen ähnlich: »Das süße Dummchen, das darauf abgerichtet war, sich mit zwanzig einen Mann einzufangen und danach sein ganzes Leben nur noch Nippes abzustauben, verliert freilich jeden Reiz mit seiner glatten Haut. Aber der erotische Reiz von Geist, Talent, Verstand und Witz hält durchaus lebenslang vor«, befand der weise Publizist Sebastian Haffner bereits vor Jahrzehnten.

»Was eine Frau braucht ist Güte und Intelligenz«, erklärte Sir Peter Ustinov in einem seiner Filme, und nach allem, was man weiß, legte er auch im Privatleben Wert auf diese Eigenschaften.

Auch von fröhlichen, gut gelaunten Menschen geht ein inneres Leuchten aus, das unwiderstehlich wirkt. So machen verliebte Frauen unentwegt neue Männerbekanntschaften – Männer fühlen sich von ihrer liebessprühenden Vitalität anscheinend intensiv angezogen.

Nochmal: Die wichtigste Schlacht findet im eigenen Inneren statt.

Frauen, die sich ihr Glück verdienen und ihr Denken ändern wollen, gehen vorzugsweise mit Sätzen wie diesem auf Partnersuche: »Ich sehe gut aus, und mir gelingt mühelos, einen wunderbaren Mann kennen zu lernen.«

Die Beziehung beeinflussen wir dann ebenfalls maßgeblich mit unserem Denken und Tun. Manche Frauen präsentieren sich dabei gerne hilflos und schwach, ergehen sich vielleicht auch noch in Selbstvorwürfen. Sie zeigen sich verwirrt und hoffnungslos überfordert. Daran knüpfen sie die stille Erwartung, der Partner möge doch für sie mit entscheiden und ihnen auch das Handeln abnehmen. Will er das nicht, wird er als unsensibel beschimpft oder als grausam – wie kann er sie nur so im Stich lassen? Übernimmt er die Rolle des Beschützers, entscheidet und handelt er, wie es ihm aufgetragen, wird das, was er entscheidet und tut, häufig entwertet und als ungenügend abgelehnt. Erklärte Hilfsbedürftigkeit ist eine perfide Methode, den anderen an sich zu binden, ihn zu manipulieren, ihn nicht in aller Unabhängigkeit seinen Weg gehen zu lassen.

Unser Partner ist aber so wenig verantwortlich dafür, wie wir uns fühlen, wie wir umgekehrt für sein Wohlergehen zuständig sind. Das bedeutet nicht, dass man in Krisenzeiten einander nicht beistehen soll, es bedeutet aber auch nicht, dass man sich alles bieten lassen muss. Nur wer klare Grenzen zieht und sich nicht jeder Kritik widerspruchslos aussetzt, wird sein Leben in emotionaler Autonomie leben können. Wer sich darum bemüht, erlebt Freiheit.

Jede kriegt, was sie erwartet

Was man im Alltag beobachten kann, hat die Wissenschaft belegt: Wer Ablehnung und Misslingen erwartet, hat gute Chancen, genau das zu erleben. Wer hingegen Positives erhofft, wird meist auch positiv belohnt. Das gilt nicht nur für den Beginn einer Liebesbeziehung, sondern auch für die weitere Entwicklung. Wer insgeheim das Scheitern seiner Beziehung heraufziehen sieht, provoziert es unwillkürlich selbst. Wer hingegen glaubt, er habe ein Schicksal wie Philemon und Baucis vor sich und säße mit 88 Jahren gemeinsam mit seinem Liebsten unter einem Baum und betrachte den Sonnenuntergang, trägt – mit dem entsprechend liebevollen Verhalten, versteht sich – mit dazu bei, genau diese Vision zu verwirklichen.

10. KAPITEL

Glücksprognosen und die Macht der Dankbarkeit

Nun kann nicht jede Frau per Knopfdruck zum Glückspilz werden. Manchen Frauen gelingt es nach der Aufarbeitung der eigenen Familiengeschichte, manchen durch ein Selbstsicherheitstraining, wieder anderen durch intensive Meditation – die Arbeit am Selbst hat viele Facetten.

Lehrreich ist jedoch, was erwiesenermaßen *nicht* glücklich macht. Wir meinen zu wissen, was uns zum Glück fehlt. Die meisten Menschen glauben, sie wären glücklich, wenn sie das bekämen, was sie sich wünschen. Viele liegen mit ihrer Einschätzung darüber, was sie glücklich machen würde, allerdings schlicht daneben. Sie wünschen sich nicht das Richtige, dementsprechend laufen die Energien, die sie für die Glückssuche einsetzen, in die falsche Richtung. Sie glauben, es sei eine bessere Stellung, ein Lottogewinn, eine großartige Reise oder eine schöne Villa. Nur hält die Freude über materielle Dinge oder berufliche Erfolge nicht lange an.

»Menschen überschätzen systematisch Intensität und Dauer ihrer Gefühle beim Eintreffen bestimmter Ereignisse«, erklärt Daniel Gilbert, Psychologieprofessor an der Harvard Universität. Sie glauben etwa, eine Beförderung würde ein lang anhaltendes Hochgefühl bewirken; ein Irrtum, wie Gilberts Studien offenbaren. Kurzfristig freuten sich die Studienteilnehmer über ihren Karriereschritt, fünf Jahre später jedoch fand Gilbert sie keineswegs zufriedener mit ihrem Leben als Kollegen, die bei der Beförderung abgelehnt worden waren. Ähnliches ergab sich bei Lottogewinnern, Sport- und Wahlsiegern – nie hielt die Freude so lange an, wie die vom Schicksal Begünstigten es erwartet hatten. »Das eigentliche Problem besteht darin, das Richtige zu wünschen«, erklärt der Psychologe. »Ein dickes Auto, eine große Villa, bessere Ausbildung, eine gute Position und mehr Gehalt machen im Leben vielleicht zufrieden, anhaltend glücklich aber machen gute Sozialkontakte, erfüllende Arbeit, Altruismus und eine liebevolle Partnerschaft.«

Die Macht der Dankbarkeit

Optimismus und Dankbarkeit wirken sich ausgesprochen günstig auf die Lebenszufriedenheit aus. Beides lässt sich trainieren wie Tennisspielen. Dankbarkeit, sagte schon Cicero, ist nicht nur die größte aller Tugenden, sondern auch die Mutter von allen. Zwei amerikanische Psychologieprofessoren der Davis-Universität in Kalifornien haben erforscht, wie sich Dankbarkeit in unserem Leben und in unseren Beziehungen auswirkt. Für ihre Untersuchung ließen sie Studenten zehn Wochen lang ein Tagebuch führen. Die Studenten notierten, ob sie sich wohl fühlten oder nicht, ob sie nervös oder angespannt waren, sie machten Angaben über ihre körperlichen Beschwerden, ihr Sport- und Freizeitverhalten und gaben einmal pro Woche darüber Auskunft, ob sie eher optimistisch oder eher pessimistisch in die kommende Woche blickten.

Dann wurden die Studenten in drei Gruppen aufgeteilt: Ein Drittel wurde gebeten, fünf Ereignisse zu notieren, die sie am meisten beschäftigten, das waren die »Neutralen«. Die zweite Gruppe sollte fünf kleine Stresssituationen notieren, das waren die »Gestressten«. Das letzte Drittel wurde gebeten, fünf Dinge aufzulisten, für die sie in der vergangenen Woche dankbar waren, sie waren die »Dankbaren«.

Die emotionale Befindlichkeit der Gruppen unterschied sich deutlich. Die »Dankbaren« waren insgesamt zufriedener mit ihrem Dasein und schauten zuversichtlicher in die kommende Woche als die »Neutralen« und die »Gestressten«. Sie litten auch weniger unter körperlichen Beschwerden und investierten deutlich mehr Zeit in Sport und Bewegung. Eine Untersuchung mit Menschen, die an einer neuromuskulären Krankheit litten, belegte ebenfalls die Wirkung der Dankbarkeit. Die Kranken sollten drei Wochen lang aufschreiben, wofür sie dankbar waren. Nach Ablauf der 21 Tage hatte sich ihre Stimmung verbessert, sie waren optimistischer gestimmt, schliefen besser, und ihre sozialen Kontakte hatten sich intensiviert.

Dankbarkeit kann Wunder wirken – auch andere Studien belegen die positive Wirkung der Achtsamkeitsübung: So leiden dankbare Menschen seltener unter depressiven Verstimmungen und Stresssymptomen, sie fühlen sich glücklicher, haben mehr Freundschaften, sind unabhängiger von materiellen Dingen, Status und Erfolg, sind weitgehend immun gegen Neid und Ärger und verwirklichen ihre Lebensziele leichter. Dankbarkeit kann das Leben erleichtern, tief empfundene Dankbarkeit kann vor Enttäuschungen und Verbitterung schützen und mildert Schicksalsschläge.

»Der undankbare, neidische, klagende Mensch lähmt sich selbst«, schreibt der Psychologe Norbert Schwarz in der Fachzeitschrift *Psychologie heute.* »Er ist konzentriert auf das, was er nicht hat, besonders auf das, was ein bestimmter anderer Mensch hat – oder scheinbar hat –, und damit vergiftet er seine Welt.«

Als Therapie ist die Methode des Tagebuchschreibens ebenso zu empfehlen wie das Model des amerikanischen Psychologen Timothy Miller. Seine Aufmerksamkeitsübung verläuft in vier Schritten:

1. Identifiziere nichtdankbare Gedanken
2. Formuliere dankbare Gedanken
3. Ersetze die nichtdankbaren durch die dankbaren Gedanken
4. Übertrage das innere Gefühl in Handlung

Einen alternativen, ebenfalls wirkungsvollen Weg beschreibt der Amerikaner Gregg Krech in seinem Buch »Die Kraft der Dankbarkeit«. Er stellt eine spirituelle Praxis vor, die aus Japan stammt. Es ist eine Art der Selbstreflexion, »Naikan« genannt, was so viel bedeutet wie »nach innen schauen« oder poetischer formuliert

»sich selbst mit dem geistigen Auge betrachten«. Wer sich selbst, wach und aufrichtig, mit geistigen Augen betrachtet, erweitert seine Sicht auf die Wirklichkeit. Diese Form der Selbstbeobachtung lehrt die Wahrnehmung des Positiven und verbessert unsere Beziehungen zu anderen Menschen, vor allem zu unserem Partner. »Naikan« basiert auf drei Fragen:

- Was habe ich von (Name einsetzen) bekommen?
- Was habe ich (Name einsetzen) gegeben?
- Welche Probleme oder Schwierigkeiten habe ich (Name einsetzen) bereitet?

Unser Geist ist selten zufrieden mit dem, was das Leben ihm bietet, vielmehr ist er auf Kritik und die Wahrnehmung von Mangel programmiert. Die japanische »Naikan«-Methode kann kreativ und variabel eingesetzt werden. Wir können die Fragen stellen nach einem Familienfest mit unseren Eltern und Geschwistern, wir können sie stellen nach einer Teamsitzung mit Kollegen, wir können sie stellen für einen Tag, aber auch für einen größeren Zeitabschnitt mit unserem Lebenspartner. Wenn wir uns nicht selbst belügen, gewinnen wir eine klarere Sicht auf unser Verhalten und auf das des anderen, auf das Geben und Nehmen in einer Beziehung. Die Listen, die entsprechend der Fragen erstellt werden, sollen so konkret wie möglich sein. Es geht nicht darum, zu notieren: »Ich war nett zu meinem Liebsten«, sondern aufzuschreiben, was genau ihn faktisch erfreut hat. Ein wunderbares Frühstück etwa, ein selbst gemaltes Bild oder ein neuer Pullover.

Die dritte Frage ist am schwierigsten zu beantworten, weil wir uns selbst gern in einem guten Licht sehen und uns nur äußerst ungern eingestehen, dass wir anderen Unannehmlichkeiten bereiten. Aber Hand aufs Herz, wie häufig sind wir ruppig beim Autofahren oder ungeduldig mit anderen, kritisieren sie, räumen unser Zeug nicht weg, in der Hoffnung, der andere werde es schon tun, rufen nicht rechtzeitig zurück, kommen zu spät zu Verabredungen. »Naikan«, sagt Autor Krech, lehre uns Dankbarkeit, unterbreche unser ständiges Kreisen um unsere persönlichen Sorgen und Nöte, lenke uns ab von unserer Selbstzentriertheit hin zu anderen.

Vergebung als Schlüssel zum Glück

Eine weitere, eher altmodische Tugend beeinflusst unsere Glücksfähigkeit maßgeblich: die Fähigkeit, verzeihen zu können – den eigenen Eltern, seinen Expartnern, seinen Freunden. Wer Groll und Unmut über die Verfehlungen anderer hegt, konserviert und immer wieder neu aufwärmt, wird niemals in Frieden mit sich leben können.

Vergebung ist ein goldener Schlüssel zum Glück. Wenn wir ihn benutzen, macht er Kopf und Herz frei. Vergebung meint, dass wir dem Geschehenen die Dramatik nehmen, sie meint, dass wir uns selbst nicht so wichtig nehmen. Sie meint auch, dass wir genügend Humor und Kraft besitzen, um jemanden innerlich »gehen« zu lassen.

Ja, uns geschieht Unrecht, jemand hat uns wehgetan.

Oft ist es ein Mann, er hat uns belogen und betrogen – mal wieder. Können wir ihm verzeihen und dann unseres Weges gehen, oder werden wir den Rest unseres Daseins mit ihm (und seinen Stellvertretern) hadern, Rachepläne schmieden, ihn verfluchen? Solange in unseren Erinnerungen heftige Empfindungen toben und wir Verwünschungen gegen den anderen ausstoßen, sind wir nicht frei von ihm und damit nicht offen und unbeschwert für neue Erfahrungen.

»Schwamm drüber«, sagt eine gute Bekannte von uns gern, »die Sache ist erledigt, die Drops sind gelutscht. Das Leben ist zu kurz, um dem anderen dauernd seine Vergehen vorzuhalten.« Und sie macht ernst damit und erwähnt die Verletzung, die der andere ihr zugefügt hat, nie wieder.

Diese Strategie hat bereits die lebenskluge Marlene Dietrich propagiert: »Wenn eine Frau ihrem Mann einmal verziehen hat, darf sie ihm seine Sünden nicht immer wieder zum Frühstück aufgewärmt servieren.« Natürlich muss man sich auch selbst vergeben können. Es ist nicht gesund, sich dauernd mit Schuldgefühlen herumzuschlagen, es führt zu Kummer, es lähmt, es lenkt uns ab von der Gegenwart. Besser ist es, den anderen aufrichtig um Verzeihung zu bitten und ihn zu fragen, was man an Wiedergutmachung tun kann, und es dann umsetzen.

Klarheit und Respekt

Es ist also längst erwiesen, was Menschen glücklich macht. Warum fällt es so vielen Menschen derart schwer, diesen Erkenntnissen Glauben zu schenken? Gerade Frauen verschwenden viel Zeit auf Dinge, die sie garantiert nicht glücklich machen.

Hilda, 36, Grafikerin in Hannover, ist zum ersten Mal Single, seit sie 15 war. Sie sagt, sie hätte in den letzten zwei Jahren viel über sich gelernt. Jetzt weiß sie: »Man kann nur eine gute Beziehung führen, wenn man mit sich im Reinen ist und nicht darauf hofft, dass der andere eine Lücke in einem ausfüllt. Die Qualität jeder Liebesbeziehung beginnt und endet immer mit dir selbst.« Früher war Hilda sehr eifersüchtig und hatte Angst, verlassen zu werden. Heute spürt sie keine Erlösungssehnsucht mehr oder emotionale Abhängigkeit, wenn sie sich mit einem Mann einlässt. Liebe hat für sie heute mit Klarheit und Respekt zu tun, »ein Mann muss für mich nichts darstellen oder mich dauernd einladen oder mir sein Landgut in der Toskana zeigen, das interessiert mich nicht, er muss einfach er selbst sein und das in aufrichtiger Weise.«

Hilda hat eine Weile in der Sado-Maso-Szene Erfahrungen gesammelt. »Diesen Teil meiner Seele und Sexualität kennen zu lernen, meine devoten und dominanten Anteile, das war sehr wichtig für mich«, blickt sie entspannt zurück.

Hilda sucht inzwischen eher nach den spirituellen Aspekten einer Langzeitbeziehung. »Liebe und Verliebtheit zu dehnen über Jahre, das stelle ich mir als Herausforderung vor«, erklärt sie. Eine große Gelassenheit habe sie gewonnen. »Ich will Männer nicht mehr haben und besitzen und unbedingt an mich binden, und ich spiele keine Spiele mehr. Ich zeige mich jetzt so, wie ich bin, ich ziehe mir vielleicht noch mal den Lidstrich nach, bevor ich einen Mann treffe, aber innerlich ziehe ich eben keinen Lidstrich mehr.«

Viele Frauen, beobachtet Hilda, spielten die Rolle, von der sie glaubten, dass sie einem Mann gefalle und versuchten auf diese Weise, Männer für sich zu gewinnen. Sie spielten die fürsorgliche Mutti oder die süße, hilflose Kleine oder die verruchte Schlampe. Zu den Manipulationsversuchen gesellt sich nach Hildas Erfahrung auch eine bestimmte Form der Unterwürfigkeit. Häufig blieben Frauen mit Männern zusammen, die sie schlecht behandelten. »Ich kenne hochintelligente Frauen, die ordnen sich unter, tun, als ob sie schwach wären, dabei managen sie alles und beputscheln ihn die ganze Zeit.« Diese Frauen erkennen ihren eigenen Wert nicht, glaubt Hilda, sie hätten Angst vor ihrer Unabhängigkeit, sie hätten tiefe Unterlegenheits- und Opfergefühle. Was Hilda bei ihren Geschlechtsgenossinnen immer wieder erstaunt: »Frauen verlieben sich in einen Mann, der wie ein Tiger ist. Dann wollen sie ihn aber umfunktionieren zu einem Bettvorleger ohne Eier, also müssen sie den Mann domestizieren. Das ist der größte Mist, den Frauen sich und den Männern antun können.«

Früher sah sich Hilda als emotionale Anarchistin und

war ausgesprochen experimentierfreudig. Heute findet sie Sex mit einem Mann richtig toll, wenn sie ihn liebt, »alles andere ist kalter Kaffee«.

Liebe ist Leben in Bewegung

»Nichts schränkt die persönliche Entwicklung stärker ein und nichts verunsichert sie stärker als eine destruktive Liebesbeziehung. Aber: Nichts stimuliert die persönliche Entwicklung stärker als eine konstruktive Liebesbeziehung«, so der Schweizer Therapeut Jürg Willi.

Deshalb liegt allen an einer beständig konstruktiven Liebesbeziehung. Die Liebe ist kein stabiler Zustand, sondern eher Leben in Bewegung. Man muss die Liebe im Auge behalten, man muss ihr höchste Priorität einräumen, sie hegen und pflegen. Sonst verkümmert sie.

Manchen Paaren gelingt das mühelos. Die Verliebtheitsphase, die Zeit des temporären Irreseins, wie die Forscher das nennen, überführen sie souverän in Liebe. Einfach ist es nicht, denn während der Zeit der Verliebtheit gucken wir den anderen wie hypnotisiert an und finden alles an ihm wunderbar. Klar, dass auf diese Verklärung die Entzauberung folgen muss. Der andere entspricht dem Idealbild, das wir in uns tragen, nämlich bei genauerer Betrachtung meistens nicht. Das Idealbild ist eine seltsame Wunschmischung: Manche Frauen sehen in ihrem Partner den lang ersehnten Mann, der ganz anders ist als der abweisende Vater oder Großvater, sie sehen eher, dass er so wunderbar ist wie der lustige Lieblingsonkel und dass er außerdem was hat von Russel

Crowe, ihrem Lieblingsschauspieler und genau der Mann ist, der ihnen die Liebe geben kann, die sie so lange entbehrt haben.

Früher oder später treten beim Partner erhebliche Abweichungen vom Wunschbild auf. Und dann kracht es, meistens gewaltig. Auf fatale Weise – fatal, weil unbewusst – mischen die alten Kindheitsmuster mit, nicht nur bei der Wahl des Partners, sondern auch, wenn er immer weniger dem Bild entspricht, das wir uns von ihm gemacht haben und uns noch nicht mal das geben will, was wir verlangen. Wir werden wütend. Und das zeigen wir auch unmissverständlich. Wer denkt schon gern nach, wenn es um starke Gefühle geht?

Wer derartige Ausbrüche vermeiden will, muss ein bisschen was begreifen über psychische Abläufe – bei sich und beim anderen. Warum tun sich so viele Menschen schwer damit, Konflikte auszutragen, warum sind sie harmoniesüchtig und streitscheu, und was tun sie dem anderen damit an? »Der Mann, der seine Mama schmerzlich als Kampfdrachen erinnert«, sagt der Hamburger Psychologe Oskar Holzberg, »wird seine Frau entwerten, sobald sie wütend wird.«

Er hält sie dann für eine überspannte Spinnerin, die er nicht weiter ernst nehmen muss. Holzberg: »In der Entwertung versuchen wir dem eigenen Schmerz zu entkommen. Und fügen ihn stattdessen dem Partner zu. Entwertung ist Verurteilung ohne Prozess.«

Entwertung kennt viele Formen – man kann die Familie des anderen herabsetzen, seine Freunde, seine Kollegen, seine Hobbys. Man kann es auch wie Fürsorge aussehen lassen, indem man ihm erklärt, man sei fest davon überzeugt, er wollte ja in Wirklichkeit ganz anders sein und brauche nur etwas Entwicklungshilfe, um zu seinem wahren Kern zu finden.

Frauen bieten sich als Entwicklungshelferin an – sie verlieben sich in einen kühlen, zurückhaltenden Mann und behaupten, in Wahrheit sprühe er nur so vor Vitalität, Herzlichkeit und Charme. Als Beleg dafür verweisen sie auf ihr untrügerisches Bauchgefühl. Wenn besagter Mann auch nach jahrelanger intensiver Dressur immer noch den Charme einer Mohrrübe hat, geben die Frauen vielleicht auf. Sie grämen sich, versagt zu haben bei der anspruchsvollen Aufgabe, ihn zu einem anderen und natürlich besseren Menschen zu machen, ihn nach ihrem Bild zu formen. Dabei zeigen uns gerade Partner, die uns frustrieren, etwas über uns selbst und die inneren Enttäuschungen unserer Kindheit, erklärt Fachmann Holzberg. Deshalb sei es besser, sich der eigenen Enttäuschung zu stellen, statt den anderen verändern zu wollen.

Es kann nicht gelingen. Wir können andere nicht verändern, wir sollten es auch nicht versuchen. Uns selbst können wir allenfalls verändern und damit auch die Beziehung zueinander.

Von glücklichen Paaren

Da sind beispielsweise Eva und Stefan, ein Düsseldorfer Paar, seit sechs Jahren verheiratet und stolze Eltern von dreijährigen Zwillingen. Während Eva sich um die Zwillinge kümmert, verdient Stefan das Geld. Er arbeitet beim Rundfunk und verdient gut, finanziell gibt es keine Probleme.

Wenn Eva von ihrem Alltag erzählt, hat man eine turbulente Idylle vor Augen. Es sei anstrengend, sagt Eva, aber sie genieße es auch. Manchmal, wenn die Zwillinge krank sind, wird es ihr ein bisschen viel, aber sie nimmt es mit Humor.

Es heißt ja, Jungen sind wehleidig, na ja, das kann Eva bestätigen. Die Zwillinge Jan und Ben leiden hingebungsvoll, wenn sie krank sind, vor allem Jan. Er leidet demonstrativ, geräuschvoll und ausdauernd – »Vielleicht«, witzelt Eva, »schicken wir den später zum Theater.«

Damit neben den aufgeweckten Zwillingen noch Zeit bleibt und weil Eva sich keineswegs nur als Mutter, sondern vor allem als Frau fühlen will, hat sie bestimmte Rituale eingeführt.

»An einem Abend in der Woche bestellen wir einen Babysitter und gehen aus. Nur wir beide.« Eva und Stefan treffen sich an diesem Abend nicht mit Freunden, sondern gönnen sich ein wechselndes Kulturprogramm – mal gehen sie ins Theater, mal ins Kino oder zu einem Konzert. Abwechselnd lässt sich jeder für den anderen etwas einfallen. Manchmal geht es auch nur darum, ein neues Restaurant auszuprobieren – gutes Essen ist schließlich auch Kultur.

Dieses wöchentliche Ritual, sagt Eva, könne sie allen Paaren uneingeschränkt empfehlen.

Es hilft außerdem, das emotionale Konto des Paares in der Balance zu halten, das aus Geben und Nehmen besteht. Wer überlegt, welcher Film seinem Partner Freude machen könnte, versucht nicht, seine eigenen Wünsche durchzusetzen, sondern dem anderen etwas zu schenken, was ihn wirklich begeistert.

Eva hat außerdem angefangen, Stefan zu loben für alles, was er im Haushalt und für die Kinder macht. Sie glaube daran, dass Lob mehr bringt als Tadel, sagt sie und verhält sich damit wie eine gute Managerin. Sie lobt, statt zu kritisieren, sie motiviert, ermutigt und bedankt sich.

Das Ergebnis ist eindrucksvoll. Stefans Fähigkeiten als Hausmann entwickeln sich rasant. Und während er sich früher fragte, ob er bei den Zwillingen alles richtig machen würde, geht er heute sehr gelassen damit um, wenn Jan beispielsweise einen seiner gefürchteten Schreianfälle im Supermarkt bekommt. Stefan beachtet ihn überhaupt nicht, sondern unterhält sich mit dem vernünftigen Ben, bis Jan sich beruhigt hat.

Er sagt: »Ich genieße es sehr, dass ich mit den Zwillingen so umgehen kann, wie ich das für richtig halte. Wenn wir zusammen einkaufen gehen, ich aber die Oberaufsicht über sie habe, weil Eva sich umschauen will, dann erwarte ich, dass sie mich machen lässt. Und das schafft sie viel besser als andere Mütter, nach allem, was ich so mitkriege.«

Andererseits ist er auch froh, dass sie ihm den Rücken freihält, wenn er eine anstrengende Woche hatte. »Da bin ich ihr richtig dankbar«, erklärt Stefan, denn an solchen Tagen brauche er abends erst mal Zeit für sich und könne nicht sofort umschalten. Das sei kein böser Wille, sondern einfach eine Frage der Erschöpfung. »Wenn der Akku leer ist, muss ich ihn eben erst wieder aufladen.«

Der andere bleibt ein Geheimnis

Die richtige Balance von Distanz und Nähe zu finden ist vielleicht das Schwierigste in einer langen Beziehung. Wir haben einige Paare getroffen, denen das hervorragend gelingt.

Karin ist bereits 64 Jahre alt, ihr Mann David ist 45. Seit 23 Jahren sind die beiden zusammen. Kennen gelernt haben sich die temperamentvolle Berlinerin und der ruhige Aachener im Jugendstrafvollzug. Dort engagierten sich beide als Sozialarbeiter mit jungen »Knackis«. Karin nahm Davids Verliebtheit zunächst nicht ernst, er war 19 Jahre jünger als sie. Sie war damals geschieden, lebte mit ihren drei Töchtern zusammen und fühlte sich durchaus wohl. David blieb aber in seiner beständigen Art am Ball, er war verliebt, der Altersunterschied war kein Thema für ihn. Erst jetzt, nachdem Karin, inzwischen seine Ehefrau, in Rente gegangen ist, findet David den Altersunterschied nicht so angenehm und überlegt sich, wie er es anstellen kann, auch schnell in den Ruhestand zu wechseln, »um möglichst viel Zeit mit ihr zu verbringen«.

Sie haben in der Eifel ein altes Haus gekauft und restauriert, dort leben sie inzwischen. Eine Tochter von Karin lebt mit ihrem Kind nebenan, eine andere mit zwei weiteren Enkeln gegenüber. David, der mit Karin keine eigenen Kinder hat, war für Karins Töchter Bruder, Freund, Ersatzvater und Vertrauensperson in einem. Jetzt ist er verrückt nach den Enkeln, wie er sagt.

Für Karin war immer klar, dass er eines Tages eine jüngere Frau kennen lernen könnte. Sie sagte sich: Genieße die schöne Zeit mit ihm, wer weiß, wie lange es gut geht. Sie führten ein Ritual ein: Jedes Jahr an Silvester fragen sie sich: »Machen wir noch ein Jahr?« Bisher haben beide noch immer wieder verlängert.

Sie gehen gelassen miteinander um. Beide sind überhaupt nicht nachtragend und wissen inzwischen, dass das Fundament ihrer Liebe trägt, also, sagt David, »können wir uns auch mal Fehler leisten«. Sex und Zärtlichkeit sei etwas, was man sich immer wieder neu aufbauen müsse, sagen beide, man müsse bereit sein, sich einander immer wieder neu anzunähern. Von zu hohen Erwartungen halten beide nichts, weder an sich selbst, noch an den anderen. Das fällt Karin besonders bei jüngeren Frauen auf: »Dieser Perfektionismus bei allem und jedem und diese ständige Selbstüberforderung mit Kindern und Arbeit, das hat einen hohen Preis.« Immer wieder höre sie Frauen darüber klagen, wie viel Arbeit sie hätten. »Ganz selten erlebe ich mal lebenslustige Frauen, oder höre ich mal eine junge Mutter über die Freude an ihrem Kind sprechen.«

Karin erlebt viele jüngere Mütter, denn sie betreut ehrenamtlich an zwei bis drei Nachmittagen in der Woche Kinder bei den Hausaufgaben. Viele dieser Kinder tun ihr Leid, »die wirken so bedürftig, oft auch chaotisch, denen fehlt Geborgenheit«, glaubt sie.

Jungen Paaren raten die beiden: »Nicht so schnell aufgeben. Sich Zeit geben. Es braucht Zeit, miteinander liebenswerte Gewohnheiten zu entwickeln. Manchmal kracht es halt. Das ist normal. Das gibt sich wieder. Und was wir in diesen hektischen Zeiten sehr wichtig finden: Das Leben nicht so voll stopfen, sonst verliert man schnell die Lust und die Fähigkeit, mit Liebe und Leidenschaft die Beziehung lebendig zu halten.«

Keine Kompromisse und viel Humor

Die Reisekauffrau Manon, 40, sieht ein bisschen aus wie Romy Schneider. Sie ist seit 14 Jahren verheiratet mit Heiner, 41, der in der Werbebranche arbeitet. Die beiden leben in Köln, Heiner fliegt zwischen Köln, London, Berlin und Zürich umher und bezeichnet Manon als »meinen Hafen«. Arbeitet er in Köln, macht seine Sekretärin nach 19 Uhr keine Termine mehr, damit er nicht so spät nach Hause kommt. Manon hat noch eine eigene Wohnung und zieht sich manchmal dorthin zurück, weil sie gelegentlich Angst bekommt vor zu viel Eheroutine, Gewohnheit und Stillstand. »Wer sagt, dass Verheiratete immerzu zusammenwohnen müssen? Für mich ist diese Rückzugsmöglichkeit wichtig.« Natürlich haben die beiden ihre Krisen. Zeiten der Zurückweisung nennen das beide, es kam auch mal zu einer zeitweiligen Trennung. Auch heute gibt es immer mal wieder Auseinandersetzungen. »Dann«, sagt Heiner, »reden wir viel, wobei mir wichtig ist, dass den Worten auch Taten folgen, sonst bringen die Gespräche ja nichts.«

Sie sparen nicht mit Lob und Komplimenten füreinander, sie fahren öfter mal ein Wochenende gemeinsam weg, vor allem, wenn Heiner dauernd unterwegs war oder in Köln intensiv arbeiten musste.

Heiner hat beruflich viel mit attraktiven, interessanten Frauen zu tun, und Manon musste lernen, ihre Eifersucht zu zügeln und nicht dauernd hinter ihm herzutelefonieren, wie das andere Frauen machen in Heiners Büro. Dafür ist Heiner, der sieht, wie seine Kollegen unter den ständigen Kontrollanrufen leiden, dankbar. Manon ist inzwischen gelassener geworden, sie sagt: »Ich weiß nicht alles über ihn, aber ich vertraue ihm, und außerdem: totale Sicherheit ist doch eine Illusion. Außerdem zerstört sie das Bemühen umeinander.«

Heiner findet, dass viele Frauen einen falschen Blick auf Männer haben und falsche Ansichten über sie hegen. Beispielsweise sei diese These vom einsamen Wolf einfach Quatsch. Er hat männliche und weibliche Freunde und beschreibt die Unterschiede so: Bei seinen männlichen Freunden ist nach einem Jahr der Abwesenheit gleich wieder Vertrautheit da, Frauen, sagt er, müssten ihre Beziehungen dauernd »updaten«, sich vergewissern und bestätigen, dass sie befreundet sind.

Wie halten er und Manon ihre Liebe lebendig? Offenheit, Vertrauen, Glaube an den anderen, Mut zur Veränderung, Mut auch mal zu Langeweile, Mut zur Verbindlichkeit und zur Wahrheit nennt Heiner als die wesentlichen Merkmale seiner Beziehung zu Manon. Und er ist überzeugt davon, dass Kompromisse gefährlich sind in einer Liebesbeziehung, sie verursachten »zu viel kumpelige Kameradschaft«. Humor bezeichnen beide als den wichtigsten Stresskiller, Humor, sagt Manon, »entschärft alles, macht alles leichter, ist so wichtig«.

Für sie besteht die Basis ihrer Ehe vor allem in einer Eigenschaft: Sich von Anfang an in der Unterschiedlichkeit lassen können, den anderen nicht gleichmachen wollen, das, so sagt sie, »sollten sich vor allem Frauen zu Herzen nehmen«.

Und ja, Heiner sei ein großer, wichtiger, schöner Teil ihres Lebens, aber er sei nicht ihr ganzes Leben. Manon: »Es ist banal, aber ich habe in all den Jahren immer wieder festgestellt, dass ich mich vor allem selbst lieben muss, um den anderen lieben zu können und von ihm geliebt zu werden.«

Großzügigkeit, Vertrauen, Humor – dazu gehört auch, den anderen mal allein in den Urlaub fahren zu lassen. Manons Rat an andere Frauen: »Wenn dein Partner dir abhanden kommt oder sich zu wenig kümmert, schau mal, ob du nicht was anderes tun kannst als nörgeln oder eifersüchtig zu lauern – das bewirkt ja doch nie, was man möchte. Versuche einfach mal, die Richtung deines Handelns komplett ins Positive zu ändern. Damit habe ich sehr gute Erfahrungen gemacht.« Heiner wiederum rät Frauen generell davon ab, Männer zu bevormunden – das kann niemand gut ertragen. »Ansonsten sollten Frauen auch offen sein für Verbindungen mit Männern, die ihnen vielleicht auf den ersten Blick merkwürdig vorkommen. Überhaupt sollten Frauen die Bilder, die sie sich von Männern machen und davon, wie Männer angeblich so sind, immer wieder überprüfen.«

Ein »Explosionsbuch«

Auch die Hebamme Gabriella, 46, und der Lehrer Andreas, 51, können eine klare Entwicklung in ihrer langjährigen Beziehung erkennen. Gabriella hat zwei Töchter aus anderen Verbindungen, Andreas eine Tochter mit einer anderen Frau, gemeinsam haben die beiden zwei Kinder. Dann gibt es neben dieser Patchworkfamily noch jede Menge Schwestern, Brüder, Freunde, und oft mieten Gabriella und Andreas ein großes Haus für die Ferien und machen Urlaub mit ihren Kindern und zwanzig weiteren Freunden und Verwandten.

Es gab viele Kämpfe, sagen beide, und es gab Zeiten, da brauchten sie Unterstützung von einem Paartherapeuten. Heute führen sie eine ausgesprochen harmonische Ehe, um die sie von anderen immer wieder beneidet werden. Wach bleiben und sich bemühen umeinander sei wichtig, sagt Andreas. Er und seine Frau haben ein so genanntes Explosionsbuch eingeführt, in das jeder schreibt, was ihn ärgert, traurig macht, bekümmert. »Der andere liest das und weiß Bescheid«, sagt Andreas, »das ist für uns eine gute Möglichkeit, um Dampf abzulassen, ohne sich anzuschreien.«

Neben den wichtigen Eigenschaften wie Offenheit, Humor und Vertrauen, die das Fundament ihrer Ehe ausmachen, betont Gabriella auch den Bereich Sexualität. Ganze Nachmittage, sagt Gabriella, blieben sie gemeinsam im Bett, »wir haben sehr erfüllenden und guten Sex«. In ihrer Arbeit fällt ihr auf, wie wenig sich gerade jüngere Frauen mit dem Thema Sex beschäftigen, wenn ein Kind kommt. »Die werden schwanger, haben keine Lust auf Sex, und wenn das Kind da ist, stillen sie und haben erst recht keine Lust auf Sex. Und dann lassen sie diesen Bereich halt so verkümmern.«

Zu wenig offensiv findet Gabriella diese Frauen. Nach einer Zeit der Aufklärung, in der ihre Generation sich intensiv mit ihrem Körper, ihrer Sexualität beschäftigt hätte, herrsche bei vielen Frauen heute eine seltsame Hilflosigkeit und ein befremdendes Desinteresse. »Eigentlich«, sagt Gabriella, »ist das alles wieder ziemlich stark tabuisiert, was natürlich ein Jammer ist.« Ihre Versuche, den Frauen gerade nach der Geburt eines Kindes klar zu machen, dass sie sich beschäftigen müssten mit ihrer neuen Rolle und mit der veränderten Sexualität, fruchten selten. In vielen Gesprächen, so Gabriella, »spüre und höre ich Verachtung von den Frauen für ihre Männer – ganz so, als hätten sie sie als gleichberechtigte Partner bereits abgeschrieben. Das finde ich richtig schlimm.«

Unbedingt loyal

Ähnlich geht es Anne, 47, Redaktionsassistentin, seit 30 Jahren mit Begeisterung verheiratet mit Thomas, 48, Controller in einer Berliner Firma. Wenn Frauen abschätzig über ihre Männer sprechen, sagt Anne, »das finde ich zum Kotzen, das gehört sich nicht«.

Sie findet auch nichts dabei, seine Hemden zu bügeln und die ganze Hausarbeit zu machen, schließlich arbeitet sie nur halbtags, während ihr Mann den Hauptanteil des Geldes verdient für die Familie mit dem inzwischen 18-jährigen Sohn.

Es gibt, wie in vielen guten Ehen, auch in dieser Beziehung einige Rituale und Regeln. Die beiden fahren sehr gern Rad, stöbern gemeinsam auf Flohmärkten, besuchen Rockkonzerte, probieren neue Kneipen aus. Zu den Regeln gehört seit Beginn der Partnerschaft, wie Thomas sagt, unbedingte Loyalität. »Wir lassen nichts aufeinander kommen. Wenn meine Mutter oder sonst wer an der Anne rummeckert, sage ich sofort: ›Das geht dich nichts an, ich rede nicht mit dir über meine Frau.‹« Die Solidarität ist wechselseitig, weshalb Anne auch allergisch auf ihre Kolleginnen reagiert, die dauernd an ihren Männern herummeckern. Allen Frauen, die sich eine gute Partnerschaft wünschen, rät Anne mit Nachdruck: »Nicht in das Gejammer und Anti-Männergeheul einstimmen, das ist Gift für Frauen.«

Natürlich gibt es Streit, wenn auch nicht oft. »Dafür«, sagt Anne, »sind wir wohl beide zu harmoniesüchtig.« Aber wenn sie einen ihrer gelegentlichen Wutausbrüche hat und rumschimpft, sagt Thomas ruhig: »So spricht man nicht mit dem Menschen, den man liebt.«

Das beruhigt die Situation sofort. »Was uns außerdem hilft«, weiß Anne, »und was wir allen Paaren empfehlen können: nicht nachtragend sein, keine alten Sachen aufkochen. Sex nicht vergessen, aber auch nicht überbewerten. Viel zusammen unternehmen. Das verbindet.«

Wenn die Liebe hinfällt

Gleichgültig, wie viel Offenheit, Nähe und Intimität in einer Partnerschaft herrschen, der andere bleibt uns in manchem immer fremd. Er ist wie ein großes Geheimnis, das wir nie ganz ergründen können.

Und diese Erkenntnis ist wesentlich für den Fortbestand der Liebe. Distanz ist genauso wichtig wie Nähe, auf die Balance kommt es an. Wir können einander aus der Distanz klarer sehen. Paare, denen das Wechselspiel von Distanz und Nähe gelingt, »verschwinden« nicht in der Beziehung, geben eigene Bedürfnisse und Hobbys nicht auf. Sie öffnen sich einander, bemühen sich, den anderen zu verstehen, verschweigen Probleme nicht und flüchten nicht in falsche Harmonie, die oft nur eine große innere Einsamkeit verdeckt.

Sie fürchten Konflikte nicht, weil sie sich zutrauen, sie offen auszutragen. Ohne ängstlich anzuklammern geben sie sich und dem anderen Raum. Sie verstehen, wenn der andere seine Eigenheiten pflegt, sich zum Beispiel sündhaft teure Schuhe kauft, in denen man kaum gehen kann, oder aber unbedingt eine Segeltour machen will bei Sturm und Regen. Oder die jährliche Radtour mit Freunden nicht aufgeben will, weil sie erstens Spaß macht und zweitens Tradition hat.

Wie viel Autonomie ist in einer Beziehung erlaubt? Inwieweit will eine Frau (ein Mann) die Lebensführung des Partners bestimmen? Eine gute Beziehung beruht auf Respekt vor dem anderen und setzt Selbstbewusstsein voraus. Unsichere Frauen wollen Kontrolle ausüben über ihren Mann, sie wollen die Einzige sein für ihn und über ihn bestimmen. Er wird sich früher oder später entziehen, weil ihn ihr Klammern und ihre Kontrolle zu sehr einengen. Vielleicht wird er nach kleinen Fluchten suchen und fremdgehen. Und dann? Ist sie noch mehr verunsichert.

Solche Frauen müssen lernen, sich selbst aufzuwerten, sich etwas zu gönnen. Und sie sollten sich davor hüten, sich und den anderen mit selbstquälerischen Vorwürfen zu attackieren. Courage, Kreativität und Humor sind nach Analytiker Schmidbauer die drei wichtigsten Gegenmittel, um mit einem Seitensprung fertig zu werden. Courage, um zu dem zu stehen, was geschehen ist, Kreativität, um Wege der Wiedergutmachung zu finden und anzubieten – um aus der Kränkung eine stärkere Liebe zu entwickeln statt die Liebe, die noch in der Beziehung steckt, vollends kaputtzureden. Und Humor schließlich, »um sich nicht allzu bierernst zu nehmen bei einem Lebensunfall, der Liebenden schon immer zugestoßen ist und weiterhin zustoßen wird«. Ein solches Verhalten setzt Reife voraus und den Wunsch, eine Affäre, einen Seitensprung zu bewältigen. Es setzt voraus, dass die Beziehung zum anderen bewahrenswert ist. Eine Garantie, dass solche Liebesunfälle sich nicht wiederholen, gibt es nicht. Wolfgang Schmidbauer bilanziert: »Willkommen in der Wirklichkeit. Wer liebt und sich nie fürchtet, diese Liebe zu verlieren, ist naiv. Erwachsene Frauen und Männer wissen, wie zerbrechlich Liebe ist, dass sie verloren gehen kann – und gehen daher liebevoll mit ihr um.«

Ein optimistisches Abschiedswort

Ally McBeal, die leicht neurotische, liebenswerte amerikanische Anwältin, wünschte sich einmal: »Man sollte sein Leben in die Reinigung geben können und es dann zurückbekommen: Schön. Sauber gefaltet und ordentlich.« Ja, eine wunderbare Idee. Leider ist dem Leben mit regelmäßigem Reinigungsservice nicht beizukommen.

Frauen leben heute in einem Zeitalter, in dem vieles möglich ist. Vorbei die Zeiten, in denen alles streng geregelt war und Frauen auf das, was sie mochten und verabscheuten, ein feierliches Gelübde ablegen mussten. Auf Mode, auf Popmusik, auf Kneipen, auf jeweilige Sexpartner, auf ihre Lebensform. Heute können wir uns frohgemut dazu bekennen, Abba zu mögen und die Beatles und Robbie Williams, wir können in eine finstere Spelunke gehen und in ein Sterne-Restaurant, wir können einen Pauschalurlaub auf Ibiza machen oder einen Abenteuerurlaub planen. Im Prinzip ist alles möglich. Das ist ein Fortschritt.

Frauen können heute mit ihrem Image spielen. Madonna hat es vorgemacht. Frauen können einen Mann lieben oder es mit vielen treiben. Sie können sich hart und kernig präsentieren oder aber weich und verletzlich. Sie können zeigen, dass sie intellektuell sind, humorvoll, gescheit und sexy. Sie können anlehnungsbedürftig sein und als Spitzenmanagerin einen Konzern schmeißen. Sie können viel Geld verdienen, es für sinnlosen Firlefanz ausgeben und mit einem asketischen Weltverbesserer das Leben teilen. Sie können in Prada spazieren gehen oder im Jogging-Anzug. Sie können ihren Müll trennen oder alles in eine Tonne werfen. Sie können tagsüber die Kinder auf den Knien schaukeln und sich abends mit ihren Freundinnen betrinken. All dies sind keine Widersprüche und bedarf keiner Erklärung.

Sie können der Meinung sein, dass Liebe aus Sex, Verantwortung, Humor und Zärtlichkeit besteht oder zu einer ganz anderen Überzeugung gelangen. Sie können ihre eigenen Neurosen und Schwächen kennen lernen und sich mit ihnen auseinander setzen, oder sie lassen es bleiben.

Wie immer Frauen sich entscheiden, es ist schön, wenn sie ihr eigenes Herz dabei verstehen. Und einen Mann finden, der es ebenfalls kann.

Schicksalhafte Begegnung an der Käsetheke

Gehen Sie beschwingt durch die Welt wie eine Freundin von uns? Heike war 41 Jahre alt, als sie an einem Samstagvormittag zum Einkaufen ging. Sie hatte sich nur schnell eine Jacke übergeworfen und war losgerannt, man kann nicht gerade sagen, dass sie an dem Tag besonders großartig aussah. Heike gehört nicht zu den

Frauen, die erst Make-up auflegen und sich schick machen, bevor sie einkaufen gehen. An diesem Samstag wollte Heike nicht zu einem Schönheitswettbewerb, sondern an die Käsetheke. Die Schlange vor der Theke war lang, es war klar, dass es eine ganze Weile dauern würde, bis sie bedient würde. Vor ihr stand ein Mann und las in einem Rezept. »Kartoffelgratin, lecker«, sagte Heike ganz spontan, als sie es sah.

Der Mann, Alex, entgegnete darauf, er habe noch nie ein Gratin gemacht und wisse nicht, ob es ihm gelingen werde. Heike kennt sich aus mit Gratins. Und sie erklärte dem verdutzten Alex, wie er's machen muss: »Ganz ohne Käse und ohne Eier, das hat den Vorteil, dass es leicht ist. Außerdem geht es schnell und gelingt immer.« Alex kaufte alles, was er für Heikes Kartoffelgratin benötigte, und nachmittags rief sie ihn an, um ihm das Rezept zu diktieren. Es wurde ein voller Erfolg. Am nächsten Tag telefonierten sie wieder. Alex bedankte sich und lud Heike ins Kino ein.

Käsetheke, Kartoffelgratin, Kino – das war der Beginn einer großen Liebe.

Die beiden sind inzwischen über sieben Jahre zusammen, und wenn sie erzählen, sie hätten sich zufällig an der Käsetheke kennen gelernt, will das so recht niemand glauben. »Der springende Punkt ist nicht die Käsetheke«, sagt Alex. Der springende Punkt ist Heikes spontane Freundlichkeit. Sie ist gelassen und meistens gut gelaunt. Sie fühlt sich wohl mit sich, und das, sagt Alex, habe er sofort gespürt. Als Heike damals solo war, hat sie sich nicht im Privaten verbuddelt und ausgiebig selbst bemitleidet. Sie ist herzlich und freundlich auf andere Leute zugegangen. »Ich glaube, sie würde immer jemanden kennen lernen, egal in welchem Alter«, versichert Alex.

Ja, Frauen, die lernen dauernd jemanden kennen. Eine Tante von uns machte als Witwe eine Kreuzfahrt. Es vergingen keine zwei Tage, da hatte sie einen Verehrer. Sie fand ihn nett, und so verbrachten sie die meiste Zeit während der Kreuzfahrt zusammen. Der Verehrer zog anschließend in die Stadt, in der unsere Tante lebte. Sie hat ihn bislang nicht geheiratet, obwohl er sie mehrfach gebeten hat. Wieder zu heiraten ist ihr nicht wichtig. Sie bezeichnet ihn als ihren »boyfriend« und reist mit ihm durch die Welt. »Es ist einfach schöner, im Alter nicht allein zu sein. Wir verstehen uns gut und interessieren uns für die gleichen Dinge«, sagt sie. Wie sie damals seine Aufmerksamkeit auf sich gezogen hat? – »Ich habe ihn einfach angelächelt, als er abends ins Bordrestaurant kam.«

In einer Umfrage gaben 74 Prozent der 30- bis 39-jährigen Männer an, dass sie sich wünschen, von Frauen angelächelt zu werden. Haben Sie keine Hemmungen, wenn Ihnen ein Mann gefällt, ihn mit einem Lächeln anzusprechen – es muss nicht an der Käsetheke sein, und es muss nicht um Kartoffelgratin gehen. Wenn Ihnen überhaupt nichts einfällt, machen Sie ihm ein Kompliment, eins, das Sie ehrlich meinen.

Vielleicht sieht er so gut aus, weil er im Urlaub war? Vielleicht sieht er erschöpft aus, weil er schon ewig keinen Urlaub mehr hatte? Fragen Sie ihn doch einfach.

Doch das Interesse sollte echt sein – Männer merken schnell, wenn man ihnen gar nicht wirklich zuhört, wenn man sie stattdessen ununterbrochen »scannt«. Überlegen Sie doch mal, wie Sie selbst angesprochen werden wollen.

Wenn Sie Interesse an einem Mann haben, zeigen Sie es auf freundliche, unaufdringliche Weise.

Sie glauben, Sie seien nicht attraktiv genug? Da ist Ihr innerer Saboteur am Zug, den sollten Sie ganz schnell zum Schweigen bringen.

Attraktivität ist eine relative Angelegenheit und Schönheit keineswegs ein sicherer Garant für Liebesglück. Bekannte Schauspielerinnen wie Marilyn Monroe, Romy Schneider, Julia Roberts oder Angelina Jolie bewahrte ihre Schönheit keineswegs vor Enttäuschungen in der Liebe.

Sie glauben, Männer wollen überhaupt keine festen Beziehungen? Sie geraten unentwegt an so genannte bindungsscheue Exemplare? Vielleicht sind Sie es, die sich in Wahrheit nicht festlegen will, vielleicht mögen Sie lieber frei und unabhängig bleiben?

Männer gibt es reichlich auf diesem Planeten, auch wenn Frauen immer jammern, alle tollen seien bereits vergeben. Das mag für den eigenen Freundeskreis zutreffen, aber das Verhältnis von Frau und Mann ist ungefähr 50 : 50, kein Grund zur Sorge also.

Genießen Sie Ihr Leben – mit oder ohne Mann. Fragen Sie sich mal ganz ehrlich: Was fehlt mir wirklich zum Lebensglück? Kann ich auch Glück empfinden, wenn ich allein bin? Hat Geld mich jemals glücklich gemacht? Bin ich eher ein Glückspilz oder eine Pechmarie? War ich vor drei Jahren glücklicher als heute? Warum?

Wer ist in Ihrer Umgebung ein wirklich glücklicher Mensch? Was macht er anders als die anderen? Haben Sie in letzter Zeit einen anderen Menschen glücklich gemacht? Wie haben Sie sich dabei gefühlt?

Je wohler Sie sich mit sich selbst fühlen, desto stärker wirkt Ihre Anziehungskraft. Die beste Botschaft für Ihr Selbstbewusstsein ist, wenn Sie aufrichtig sagen können: Ich mag mich. Genießen Sie den Augenblick, das Leben läuft hier und jetzt, es lässt sich nicht vertagen.

Flirten Sie, pflegen Sie Freundschaften, knüpfen Sie immer wieder neue Kontakte – soziale Bindungen sind, wie Glücksforscher bestätigen, der zentrale Auslöser für Glücksempfindungen.

Seien Sie frohen Mutes. Denn über den Gang der Dinge, den Lauf der Welt also, lässt sich grundsätzlich zweierlei sagen: Erstens, es ist immer zu spät. Zweitens, es ist nie zu spät. Das bedeutet: Das Prinzip Hoffnung blüht überall. In diesem Sinne, alles Glück der Welt für Sie.

Dank

Wir danken all den Menschen, die sich die Zeit genommen haben, uns in langen Gesprächen von ihren Erfahrungen zu berichten und uns in ihre Gedanken-, Gefühls- und Beziehungswelten Einblick gewährt haben. Ohne ihre Offenheit hätten wir dieses Buch nicht schreiben können. Wir danken den Fachleuten, die uns an ihrem Wissen teilhaben ließen.

Literaturliste

Ariès, Philippe: *Geschichte des privaten Lebens*, Frankfurt am Main 1995

Badinter, Elisabeth: *Die Wiederentdeckung der Gleichheit. Schwache Frauen, gefährliche Männer und andere feministische Irrtümer*, Berlin 2004

Baker, Robin: *Krieg der Spermien*, München 2002

Barnes, Julian: *Darüber reden*, Reinbek 1992

Barnes, Julian: *Liebe usw.*, Köln 2002

Beck, Ulrich und Elisabeth Beck-Gernsheim: *Das ganz normale Chaos der Liebe*, Frankfurt am Main 1990

Bergman, Wolfgang: *Das Drama des modernen Kindes*, Düsseldorf 2003

Bergmann, Wolfgang: *Gute Autorität*, Wiesbaden 2004

Berne, Eric: *Spiele der Erwachsenen*, Reinbek 2002

Blum, Deborah: *Sex on the Brain: The Biological Differences Between Men and Women*, New York 1998

Clasen-Holzberg, Claudia: *Liebe gesucht. Wege aus dem Single-Leben zu einer glücklichen Beziehung*, München 2003

Fielding, Helen: *Schokolade zum Frühstück. Das Tagebuch der Bridget Jones*, München 1999

Fisher, Helen: *Das starke Geschlecht*. Berlin 2002

Fisher, Helen: *Anatomie der Liebe*, München 1995
Fleiss, Heidi: *The Players Handbook. The Ultimate Guide for Women*, Los Angeles 2004
Franzen, Jonathan: *Die Korrekturen*, Reinbek 2003
Früh, Doris: *Im Schatten der Ersten. Partnerschaft mit einem geschiedenen Mann*, München 2002
Gottman, John M.: *Die 7 Geheimnisse der glücklichen Ehe*, Berlin 2002
Gilmore, David: *Mythos Mann*, München 1993
Goldsmith, Olivia: *Der Club der Teufelinnen*, München 1997
Hermann, Judith: *Sommerhaus, später*, Frankfurt am Main 1998
Hermann, Judith: *Nichts als Gespenster*, Frankfurt am Main 2003
Jaeggi, Eva: *Liebesglück – Beziehungsarbeit*, Reinbek 1999
Jaeggi, Eva und Walter Hollstein: *Wenn Ehen älter werden. Liebe, Krise, Neubeginn*, München 1998
Jellouschek, Hans: *Wie Partnerschaft gelingt*, Freiburg 2001
Jong, Erica: *Angst vorm Fliegen*, Frankfurt am Main 1978
Kaufmann, Jean Claude: *Singlefrau und Märchenprinz. Über die Einsamkeit moderner Frauen*, Konstanz 2002
Kiani, Wäis: *Stirb Susi!*, München 2004
Kopp, Sheldon B.: *Triffst du Buddha unterwegs …*, Frankfurt am Main 2000
Krech, Gregg: *Die Kraft der Dankbarkeit. Die spirituelle Praxis des Naikan im Alltag*, Berlin 2003

Kullmann, Katja: *Generation Ally. Warum es heute so kompliziert ist, eine Frau zu sein*, Frankfurt am Main 2002

Dalai-Lama: *Der Weg zum Glück. Sinn im Leben finden*, Freiburg 2004

Mary, Michael: *Fünf Lügen die Liebe betreffend*, Hamburg 2001

Murakami, Haruki: *Gefährliche Geliebte*, München 2002

Nuber, Ursula: *10 Gebote für starke Frauen*, Frankfurt am Main 1999

Ornstein, Robert: *Die Wurzeln der Persönlichkeit*, Frankfurt am Main 1996

Phillips, Adam: *Monogamie, aber drei sind ein Paar*, Frankfurt am Main 1997

Rensch-Bergner, Meike: *Das Uschi-Prinzip*, München 2004

Salter, James: *Lichtjahre*, Berlin 1998

Satir, Virginia: *Meine vielen Gesichter. Wer bin ich wirklich?*, München 2004

Schmidbauer, Wolfgang: *Die heimliche Liebe. Ausrutscher, Seitensprung, Doppelleben*, Reinbek 2001

Schmidbauer, Wolfgang: *Die Angst vor Nähe*, Reinbek 1998

Servan-Schreiber, David: *Die neue Medizin der Emotionen. Stress, Angst, Depression: Gesund werden ohne Medikamente*, München 2004

Shapiro Barash, Susan: *A passion for More: Wives Reveal the Affairs that Make or Break their Marriages*, Berkeley 2001

Stiemerling, Dietmar: *Sehnsuchtsprogramm Liebe. Zur Psychologie der zentralen Beziehungswünsche,* Stuttgart 2002

Strauß, Botho: *Paare, Passanten.* München 1998

Tolstoi, Leo: *Anna Karenina,* München 1998

Wallerstein, Judith S., Blakestee, Sandra: *Gute Ehen,* Weinheim 2004

Welter-Enderlin, Rosmarie: *Paare – Leidenschaft und lange Weile. Die Kunst des Lebens zu zweit,* Freiburg 2003

Welter-Enderlin, Rosmarie: *Deine Liebe ist nicht meine Liebe,* Freiburg 1999

Willi, Jürg: *Psychologie der Liebe. Persönliche Entwicklung durch Partnerbeziehungen,* Reinbek 2004

Wlodarek, Eva: *Den richtigen Mann finden. Sechs Schritte zur passenden Partnerschaft,* Frankfurt am Main 2000

Updike, John: *Ehepaare,* Reinbek 1972

Updike, John: *Der weite Weg zu zweit,* Reinbek 1986